Lach mit!

Lach mit!

Witze für Kinder, gesammelt von Kindern

Herausgegeben von Waltraud Pröve

FALKEN

»Humor ist der Schwimmgürtel auf dem Strome des Lebens« (W. Raabe) – deshalb enthält das FALKEN Programm über fünfzig »Schwimmgürtel« mit lockeren Sketchen, pfiffigen Vorträgen, heiteren Büttenreden und vielen, vielen zündenden Witzen.
Überall dort, wo es »Schwimmgürtel«, Pardon, Bücher gibt!

ISBN 3 8068 0468 0

Zeichnungen: Rudi Fäcke
Umschlaggestaltung und Titelbild unter Verwendung einer Zeichnung von Rudi Fäcke: Zembsch' Werkstatt, München
Gesamtherstellung: Neuwieder Verlagsgesellschaft mbH, Neuwied

14046879X161 514 131 211 1

Inhalt

»Das kam ganz plötzlich –
Mutti hat in meinem Tagebuch gelesen!«

Vorwort

Mit »Rosen, Tulpen, Nelken« begann die Autorengemeinschaft der Herausgeberin mit Wiesbadener Kindern, und nun haben sie ein neues Büchlein zusammen gemacht: Lieblingswitze von Schülerinnen und Schülern. Wieder ist es eine Auswahl aus Tausenden von Einsendungen zu einem Wettbewerb der Stadtbücherei Wiesbaden.
Damit ist schon vorgegeben, daß es sich bei den aufgeschriebenen Spaßigkeiten nicht unbedingt um den »letzten Schrei« handelt, daß mancher Häschen- oder Schottenwitz ein kleines Bärtchen trägt und die Erwachsenen nicht über alles lachen können, was Kindern so einfällt.
Aber es sind ja Lieblingswitze von Jungen und Mädchen, die sie sich heute noch erzählen und an denen sie offensichtlich ihre Freude haben. Manche sind ein bißchen makaber, den einen oder anderen mag man als Diskriminierung empfinden, aber die Erwachsenen sollten da tolerant sein. Was so an Stammtischen oder zu später Stunde in fortgeschrittener Runde an »Witzen« gerissen wird, ist oft auch ziemlich haarig. »Kindermund« hat eben nicht immer nur »Gold im Mund«. Auch lachen sollte man in der Schule dürfen, und zum Lachen sollen die Schüler ihre eigenen Witze finden, schließlich haben sie sie selbst ausgewählt!
Also:
Dies alles ist nicht so ernst gemeint, und wer's ernst nimmt, ist selber schuld!

». . . und dann lebten sie glücklich und zufrieden miteinander – nachdem ihre Mutter abgereist war!«

Wenn Vater Witze macht, versteht er keinen Spaß.....

»Warum hast du denn ein so rotes Ohr, Egon?«
»Ich habe Vater unterbrochen, als er einen Witz erzählt hat.«
»Siehst du, das soll dir eine Lehre sein. Wenn Vater Witze macht, versteht er keinen Spaß.«

*

»So geht es nicht weiter, Balduin«, schimpft Mutter Muckermann.
»Entweder ißt du jetzt leiser, oder ich muß den Fernseher lauter stellen.«

*

Geduld ist, wenn man einen Wasserhahn so lange streichelt und ihm gut zuredet, bis er kräht.

*

»Ist der Chef schon von seinem Morgenritt zurück?« erkundigt sich der Buchhalter.
»Nein, aber es kann nicht mehr lange dauern, sein Pferd ist schon da.«

*

Frau Maier kommt aus dem Urlaub zurück und trifft ihre Nachbarin. Diese erkundigt sich, wie es denn im Urlaub war.
Da sagt Frau Maier:
»Ach, es war gar nicht schön, es hat immer nur geregnet.«
Darauf erwidert die Nachbarin:
»Aber Sie sind doch ganz braun.«
»Ja, das stimmt, ist aber alles nur Rost.«

»Früher trank ich Whisky mit Wasser,
dann ohne Wasser,
jetzt wie Wasser.«

*

»Ich habe von meiner Weltreise einen Schrumpfkopf mitgebracht«, erzählt der Globetrotter.
»Ach du Armer, dann paßt dir ja kein Hut mehr.«

*

Ein Mann kommt vom Angeln nach Hause.
»Na, hast du etwas gefangen?« begrüßt ihn seine Frau.
»Ja«, antwortet der Mann mürrisch.
»Was denn, Barsche oder Hechte?«
»Eine Bronchitis.«

*

Auf dem Kasernenhof:
»Mann, warum grüßen Sie mich nicht?«
»Würde ich ja gerne, Herr Unteroffizier. Aber ich weiß nicht, von wem.«

*

Platzanweiserin zum verspäteten Besucher:
»Die Oper hat schon begonnen. Bitte, bewegen Sie sich leise.«
»Wieso, schlafen schon alle?«

*

»Und jetzt singe ich ›Am Brunnen vor dem Tore‹«, sagte die Gastgeberin.
»Sehr vernünftig«, meint ein Gast. »Hier drinnen hört sowieso keiner mehr zu.«

*

Ein Mann kommt in die Buchhandlung und verlangt Goethe.
Fragt die Buchhändlerin: »Welche Ausgabe?«
»Haben Sie auch recht«, sagt der Mann und geht.

Zwei Freundinnen sitzen im Tanzsaal und beobachten ein Mädchen, das sich ständig im Spiegel betrachtet.
»Ist sie nicht unendlich eitel?«
»Eitel nennst du das? Ich finde das tapfer.«

*

Zwei ältere Damen besuchen zum erstenmal ein Pferderennen. Sie setzen auf das Pferd, das ihnen am besten gefällt. Doch es landet unter »ferner liefen«.
»Ist ja nicht so schlimm. Wir hätten sowieso keinen Platz für das Pferd gehabt«, trösten sich die beiden.

*

Frau Hutzel geht in ein Zoogeschäft. Sie möchte gern einen Maulkorb für ihren Hund.
Nach sehr langem Aussuchen fragt der Verkäufer:
»Sollen wir ihn schicken, oder wollen Sie ihn gleich selber tragen?«

*

Kunze hat Besuch.
»Wie spät ist es?« will ein Gast wissen.
»Keine blasse Ahnung, ich besitze keine Uhr«, erwidert Kunze, »aber das werden wir gleich haben.«
Er geht ans Klavier und hämmert einen Marsch in die Tasten. Sekunden später trommelt der Nachbar gegen die Wand und brüllt:
»Hören Sie bloß mit dem Krach auf, Sie Idiot, jetzt nachts um halb drei.«

*

Minna klopft die Teppiche.
Sagt die Gnädige:
»Sie müssen stärker klopfen, Minna!«
»Das geht nicht, gnädige Frau!«
»Warum nicht?«
»Dann staubt es zu sehr!«

Franz sagt zu seiner Frau:
»Du, ich wache immer von meinem eigenen Schnarchen auf.«
»Dann leg dich doch ins andere Zimmer.«

*

»Entschuldigen Sie, mein Herr. Ich möchte in den Zoo«, wird Nante von einem Fremden angesprochen.
»So? Als wat denn?«

*

Ein Betrunkener kommt zum Photographen und sagt:
»Ich möchte gern ein Gruppenbild von mir.«
»Gut, stellen Sie sich bitte im Halbkreis auf«, antwortet der Photograph.

*

»Frau Zeugin, nennen Sie uns bitte Ihr Alter.«
»Ich komme in die dreißiger Jahre, Herr Richter.«
»Aus welcher Richtung?«

*

Was macht 999mal ›klick‹ und einmal ›klack‹?
Ein Tausendfüßler mit einem Holzbein.

*

»Du hast also eine Riesenerbschaft gemacht. Was willst du denn mit dem vielen Geld anfangen?«
»Überhaupt nichts werde ich anfangen. Aufhören werde ich.«

*

»Ich habe einen schrecklichen Husten«, klagt Max.
»Da weiß ich ein gutes Mittel: Trink fünf Liter Sprudel und iß zwei Kilo Sauerkraut.«
Nach einigen Tagen treffen sich die Freunde wieder.
»Na, hustest du noch?«
»Ich trau' mich nicht . . .«

Eine Frau kommt in ein Modegeschäft und fragt:
»Darf ich das blaue Kleid im Schaufenster anprobieren?«
»Natürlich, meine Dame, aber wir haben auch Umkleidekabinen.«

*

»Stell dir vor, mein Bruder ist von einem zwanzig Meter hohen Baum gefallen«, berichtet Egon.
»Was, da muß er sich aber schwer verletzt haben«, bedauert Peter.
»Aber nein. Er war ja erst einen halben Meter geklettert.«

*

Oma will sich eine Fahrkarte nach Köln kaufen.
Der Schalterbeamte fragt höflich:
»Über Frankfurt oder über Mainz?«
Sagt Oma erstaunt:
»Übers Wochenende natürlich.«

*

Luise kommt aus einem feinen Internat.
Der Nachbarsjunge fragt sie neugierig:
»Was hast du denn im Internat gemacht?«
Luise rümpft die Nase und antwortet vornehm:
»Gute Manieren gelernt, du Idiot.«

*

»Nun, wie gehen die Geschäfte?«
»Nicht schlecht! Ich handle jetzt mit Brieftauben. Morgens verkaufe ich sie und abends sind sie wieder da!«

*

Herr Neureich möchte eine Burg kaufen.
Er fragt den alten Burgherrn:
»Ich habe gehört, daß es hier Gespenster gibt, stimmt das?«
»Nein, das müßte ich eigentlich wissen, schließlich wohne ich ja schon 250 Jahre hier.«

»Oh, dieses herrliche Grün, daran könnte ich mich stundenlang weiden«, sagt der Feriengast begeistert zum Bergbauern.
»Weiden Sie ruhig, für die Kühe bleibt hinterher immer noch genug übrig.«

*

Eine Frau kommt zur Werkstatt, um ihren Wagen reparieren zu lassen.
Der Mechaniker prüft zunächst und stellt dann fest, daß es sich um einen Kurzschluß handelt.
Nachdem der Mechaniker ein Weilchen untätig herumsteht, fährt ihn die Frau an:
»Na, verlängern Sie ihn doch.«

*

»Was sind Sie von Beruf?«
»Zauberkünstler.«
»Und was ist Ihre beste Nummer?«
»Ich zersäge Mädchen.«
»Ist das schwer?«
»Nein, das habe ich schon als Kind gekonnt.«
»Haben Sie Geschwister?«
»Ja, siebeneinhalb Schwestern.«

*

Zwei Bärenjäger aus Rußland treffen sich.
Sagt der eine:
»Mir ist gestern ein riesiger Bär vor die Flinte gekommen, hier ist sein Pelz.«
Darauf der andere:
»Wie machst du das nur immer, daß du so große Bären fängst?«
»Ganz einfach: Du stellst dich vor eine Höhle, pfeifst, und wenn der Bär herauskommt, brauchst du nur noch zu schießen.«
Zwei Wochen später treffen sich beide wieder. Der eine ist total in Binden und Pflaster eingewickelt.
»Sag mal, hast du meine Regel nicht beachtet?« wundert sich der andere.
»Doch, ich habe mich vor eine Höhle gestellt und gepfiffen.«
»Und was kam heraus?«
»Transsibirische Eisenbahn.«

*»Das Schlimmste kommt noch:
Das Schiff, das sie gerammt hat, ist untergegangen!«*

»Du bist ein Esel, nur die Hörner fehlen noch«, knurrt Peter seinen Freund an.
»Daß ich nicht lache, Esel haben doch gar keine Hörner.«
»Na siehst du, dann fehlt also gar nichts.«

*

Was ist der Unterschied zwischen einem Handwerker und dem Monat Mai?
Der Mai kommt immer.

*

Als Emma vom Einkaufen zurück ist, fragt die Mutter:
»Hast du gesehen, ob der Metzger Schweinsfüße hat?«
»Nein, er hatte doch Schuhe an.«

*

Der alte Herr zeigt dem Schaffner seine Fahrkarte.
»Aber das ist ja ein Kinderbillett!«
»Da können Sie mal sehen, wie lange ich auf den Zug gewartet habe.«

*

»Sagen Sie, was studiert Ihr Sohn denn?«
fragt Herr Bremser seinen Kollegen.
»Wirtschaft«, entgegnet der.
»Goldrichtig. Getrunken wird immer.«

*

»Ich habe einen Holzsplitter im Finger.«
»Du hast dich wohl am Kopf gekratzt?«

*

»Na, was gab's zum Geburtstag?«
»Ach, wie üblich: Katapult, Luftgewehr, Vollgummibälle und einen Fußball.«
»Komische Mischung.«
»Wieso komisch? Mein Vater ist Glaser.«

»Früher mußten wir sogar 25 Stunden am Tag schaffen«, berichtet der alte Arbeiter.
»Unmöglich, der Tag hat doch nur 24 Stunden.«
»Wir haben eben eine Stunde früher angefangen.«

*

Eine Rundfunkansagerin, die dafür bekannt ist, daß sie sich niemals verspricht, soll die »Nußknackersuite« von Tschaikowsky ansagen.
Ihre Kollegen reden ihr den ganzen Tag ein, daß sie ›Nußkackersuite‹ sagen wird.
Am Abend beginnt sie ihre Ansage sehr korrekt:
»Meine Damen und Herren, Sie hören jetzt die »Nußknackersuite« von Scheißkowsky.«

*

Eine Stecknadel und eine Nähnadel schwimmen um die Wette.
Die Stecknadel gewinnt.
»Kein Wunder«, meint die Nähnadel, »ich hatte ja auch Wasser im Ohr.«

*

Eine Frau kommt vom Arzt, und ihr Mann fragt:
»Was hat er gesagt?«
»Dreißig Mark.«
»Nein, ich meine, was hast du gehabt?«
»Zwanzig Mark.«
»Nein, was dir gefehlt hat, will ich wissen.«
»Zehn Mark.«

*

»Ich möchte für eine Nacht ein Zimmer«, sagt der Fremde an der Hotelrezeption.
»Tut mir leid, ich habe nichts mehr frei!«
»Aber wenn jetzt der Bundeskanzler käme, hätten Sie doch bestimmt noch was frei?«
»Ja, natürlich, für den Bundeskanzler immer!«
»Dann geben Sie mir das Zimmer, denn der Kanzler kommt heute nicht!«

Der Staubsaugervertreter schüttet zur Demonstration einen ganzen Sack voll Eierschalen, Stoffresten, Hobelspänen und anderem Unrat auf den Teppich. Der Hausfrau verspricht er: »Ich verpflichte mich, den ganzen Haufen aufzuessen, wenn mein Staubsauger den Teppich nicht innerhalb von zehn Minuten wieder sauber bekommt!«
Die Hausfrau zuckt die Schultern und schickt sich an, das Zimmer zu verlassen.
»Wollen Sie denn nicht zusehen, wie der Staubsauger arbeitet?«
»Nein, ich will Salz und Pfeffer holen, damit Ihnen der Müll besser schmeckt. Man hat uns heute den Strom abgestellt.«

*

»Nach sechs Wochen«, verkündet der Oberst seinem Regiment, »haben wir die Erlaubnis bekommen, die Wäsche zu wechseln. Maier tauscht mit Müller, Schmidt tauscht mit Huber, Schulz tauscht mit . . .«

*

»Was heißt hier feuchte Wohnung«, sagt der Hausbesitzer und schüttelt den Kopf.
»Freuen Sie sich doch, daß das Brot nicht immer so schnell trocken wird.«

*

Ein Bankangestellter zu seinem Chef:
»Sie haben aber auch gar kein Vertrauen zu mir!«
»Wieso nicht, ich lasse doch sogar den Tresorschlüssel auf meinem Schreibtisch liegen.«
»Ja, aber er paßt nicht!«

*

Ein Indianer kommt zum Sheriff:
»Wo kann ich meinen Namen ändern?«
»Hier, bei mir«, sagt der Sheriff. »Wie heißt du?«
»Fliegender Adler, der vom Himmel fällt.«
»Und wie möchtest du heißen?«
»Plumps.«

»Wohin gehts denn im nächsten Urlaub?«
»Diesmal wollen wir nach Sicht.«
»Nach Sicht? Wo liegt das denn?«
»Das weiß ich auch nicht so genau. Aber im Radio sagen sie immer ›schönes Wetter in Sicht‹.«

*

Ein Fakir kommt in die Eisenwarenhandlung und verlangt 5000 Nägel.
Der Verkäufer fragt verblüfft:
»Aber wofür brauchen Sie denn so viele Nägel?«
»Meine Frau will das Bett neu beziehen!«

*

Der Beamte Müller hört, daß sein Kollege am Nebentisch ganz schrecklich stöhnt.
»Fehlt Ihnen etwas, Herr Krüger?«
»Ja, mir ist plötzlich so unheimlich schwindlig.«
»Aber wovon denn?«
»Ich habe das Rundschreiben zu schnell gelesen.«

*

Zwei Schulfreundinnen treffen sich nach langen Jahren wieder.
»Na, welch ein Zufall! Wie geht es dir, was machst du so?«
»Ach, ich bin schon lange beim Theater.«
»Prima. Und was machst du da?«
»Ich verteile Rollen.«
»Mensch, das ist doch unheimlich schwer.«
»Nein, eigentlich gar nicht. Auf jede Toilette eine.«

*

Der Schmierendarsteller wurde mit faulen Äpfeln beworfen. Plötzlich hört man jemand Beifall klatschen.
»Was soll denn das?« regt sich Müller bei seinem Nachbarn auf. »Eben warfen Sie noch mit faulen Äpfeln und jetzt klatschen Sie auf einmal wie verrückt.«
»Ich will doch nur, daß er noch einmal vor den Vorhang kommt. Ich habe noch drei Tomaten mit.«

»So, und nun feste einseifen!«

Zwei Herren sitzen sich im Zug gegenüber. Nach einer Weile spuckt der eine dem anderen dicht am Ohr vorbei, verbeugt sich und sagt:
»Gestatten, Spuckonidis, Meisterspucker.«
Wieder nach einer Weile spuckt der andere mit einem Kaugummi und trifft den Meisterspucker mitten aufs Auge.
»Entschuldigen Sie«, sagt er, »Krause, Amateur.«

Erich schreibt seiner Freundin einen Brief.
»Welches Datum haben wir denn heute?« fragt er Erwin.
»Ich weiß nicht, aber schau doch in die Zeitung, die dort auf dem Tisch liegt.«
»Das hat keinen Zweck, die ist doch von gestern.«

*

»Mann«, schreit der Feldwebel den Rekruten an, »Sie haben ja eine Nase wie der schiefe Turm von Pisa. Wo stammen Sie denn her?«
»Aus Baden-Baden.«
»Donnerwetter, stottern tut der Kerl auch noch.«

*

Gespräch im Blumengeschäft:
»Sind die Blumen künstlich?«
»Natürlich.«
»Ja, was sind sie denn nun, künstlich oder natürlich?«
»Künstlich natürlich.«

*

Heinz ist zum erstenmal von den Eltern seiner Freundin zum Mittagessen eingeladen worden. Hinterher meint er zu Gisela:
»Ich will ja nicht behaupten, daß deine Mutter eine schlechte Köchin ist, aber jetzt verstehe ich, warum ihr vor dem Essen immer betet.«

*

Eine Kundin kommt zur Post und sagt:
»Ich möchte Geld nach England schicken und zwar acht Pfund. Was macht das umgerechnet?«
»Genau vier Kilo, meine Dame.«

*

Ein Mann geht zum Friseur und läßt sich rasieren. Fragt der Friseur:
»Waren Sie früher schon mal hier?«
»Nein, die Narben stammen von einem Verkehrsunfall.«

Eine Reporterin fragt den 99 Jahre alten Professor an seinem Geburtstag:
»Erzählen Sie doch bitte unseren Hörern, was man machen muß, um 99 Jahre alt zu werden.«
»Vor allem aufpassen, daß man nicht vorher stirbt.«

*

»Ist Ihnen ein Farbtopf vom Balkon gefallen?«
fragt die Mieterin aus dem Erdgeschoß,
»unten an der Tür steht nämlich ein grüner Mann, der ist ganz rot vor Wut!«

*

Ein Sportler will seinen Freund im Krankenhaus besuchen, findet sich aber in der Stadt nicht zurecht. Er fragt schließlich auf der Straße einen alten Mann:
»Sie, Opa, wie komme ich am schnellsten ins Krankenhaus?«
»Wenn du noch einmal Opa zu mir sagst.«

*

Ein Lehrling möchte in einem Betrieb anfangen. Zunächst erkundigt er sich allerdings beim Chef, wie hoch denn sein Gehalt sei.
»500 Mark jetzt, später mehr«, lautet die Antwort.
»Gut«, sagt der Lehrling, »dann komme ich später wieder.«

*

Karl und Otto streiten sich:
»Karl«, schreit Otto und haut auf den Tisch, »viel trennt dich nicht mehr von einem Vollidioten.«
»Stimmt«, lacht Karl, »nur noch der Tisch, der zwischen uns steht.«

*

Zwei Freunde treffen sich auf der Straße.
»Schöne Schuhe hast du an, was haben die gekostet?«
»59 Mark 80 . . .«
»Dafür hättest du auch neue bekommen.«

Nicht für die Schule, für das Leben lernen wir

»Vati, da hast du aber richtig Glück gehabt!«
»Wieso?«
»Du brauchst mir in diesem Jahr keine neuen Schulbücher zu kaufen.«

*

Die Mutter schimpft mit ihrem Sohn:
»Du bringst ja ein mieses Zeugnis nach Hause! Und im Betragen hast du sogar eine Fünf. Was wird bloß Vati dazu sagen, wenn er nächste Woche aus dem Gefängnis kommt!«

*

Der Lehrer fragt Susi:
»Was stellst du dir unter einer Hängebrücke vor?«
Susi antwortet:
»Wasser, Herr Lehrer!«

*

Fritzchen kommt aus der Schule nach Hause und erzählt:
»Mami, nächsten Monat bekommen wir alle eine Enzyklopädie.«
»Ach du meine Güte«, seufzt die Mutter, »dann lassen wir dich am besten gleich dagegen impfen!«

*

»Hast du deine Aufgaben ganz allein gemacht, Udo?« fragt der Lehrer.
»Ja, wirklich, Herr Studienrat«, antwortet Udo.
»Wirklich ganz allein?« forscht der Lateinlehrer weiter.
»Ganz allein!«
»Dann bist du ein Genie, Udo! Für so viele Fehler braucht man im allgemeinen fünf bis sechs Personen!«

Vater fragt Egon:
»Wo ist denn dein Zeugnis?«
Meint Egon fröhlich: »Das habe ich Otto geliehen. Er will seinem Vater einen Schreck einjagen!«

*

Geographiestunde:
An der Wand hängt eine große Landkarte.
»Kurt«, ruft der Lehrer, »zeige uns, wo Amerika liegt!«
Kurt zeigt auf Amerika.
»Gut«, sagt der Lehrer und wendet sich an die Klasse, »und wer hat Amerika entdeckt?«
Da rufen alle wie aus einem Mund:
»Kurt!«

*

»Sag«, fragt der Lehrer, »was stellst du dir unter einem weisen Mann vor?«
»Einen, der keine dummen Fragen stellt, Herr Lehrer!«

*

Der Lehrer fragt Schorsch:
»Wo liegt Malaga?«
»Bei uns dahaam im Keller, Herr Lehrer!«

*

»Was hast du denn heute im Diktat geschrieben, mein Sohn?«
»Was du dir schon lange im Lotto wünschst, Mami, einen Sechser!«

*

»Warum mußtest du denn heute nachsitzen?« fragt der Vater.
»Ich habe mich geweigert, jemanden zu verpetzen.«
»Das war aber doch nur fair von dir«, meint der Vater. »Um was ging es denn?«
»Der Lehrer wollte unbedingt wissen, wer der Mörder von Julius Cäsar war.«

*»Zugegeben, das Zeugnis ist miserabel!
Aber es ist ja auch 20 Jahre alt und das von Vater!«*

Mutter sagt zu Michael:
»Streng dich doch endlich mal ein bißchen an!«
Meint Michael trotzig:
»Ich will mich nicht anstrengen, ich will nicht klug werden, ich will nicht schön werden, ich will so werden wie Papi!«

Fritzchen kommt von der Schule nach Hause und ruft stolz: »Mami, Mami, ich habe mich heute als einziger in der Klasse gemeldet!«
»Fein, auf welche Frage denn?«
»Wer hat im Sekretariat die Scheibe eingeschlagen?«

*

»Paul«, fragt der Lehrer, »nenne mir einen griechischen Dichter.«
»Achilles«, antwortet Paul.
»Achilles war doch kein Dichter«, tadelt der Lehrer.
»Aber er ist doch durch seine Ferse berühmt geworden!«

*

Der Lehrer hat seinen Schülern lange die Begriffe ›Gegenwart‹, ›Vergangenheit‹ und ›Zukunft‹ erklärt. Zum Schluß fragt er den Heiner:
»Wenn ich nun sage, ich bin krank, was ist das für eine Zeit?«
»Eine sehr schöne Zeit, Herr Lehrer!«

*

Die Lehrerin fragt die Klasse:
»Was verstehen wir unter Morgengrauen?«
Sabinchen meldet sich:
»Das ist das Grauen, das man jeden Morgen hat, wenn man aufstehen und in die Schule gehen muß.«

*

Vater: »Das erste Jahr auf der Oberschule und schon nicht versetzt!«
Söhnchen: »Reg dich nicht auf, Vater. Du solltest stolz darauf sein, daß ich den Mut habe, dir so ein Zeugnis vorzulegen!«

*

Lehrerin: »Wenn ich sage, ich bin schön gewesen, dann ist das Vergangenheit. Wenn ich aber sage, ich bin schön, was ist das dann?«
»Eine glatte Lüge«, platzt Max heraus.

Lehrer zum Schüler: »Deine Handschrift ist ja miserabel, die kann man überhaupt nicht lesen!«
Schüler: »Das macht nichts, ich schreibe später sowieso mit der Schreibmaschine!«

*

»Wie kommt es, Peter, daß deine Hausaufgaben plötzlich immer richtig sind?«
»Mein Vater ist verreist, Herr Lehrer!«

*

»Welchen Ausdruck gibt es noch für Staubgefäße, Ulla?«
»Mülleimer, Herr Lehrer!«

*

Der Lehrer fragt Hans:
»Nenne mir drei Tiere, die in Afrika vorkommen.«
Hans antwortet:
»Ein Krokodil und zwei Nilpferde.«

*

Fragt Kurtchen den Lehrer:
»Herr Lehrer, kann man für etwas, was man nicht getan hat, auch bestraft werden?«
Darauf der Lehrer:
»Natürlich nicht!«
Kurt freut sich:
»Prima, ich habe nämlich vergessen, meine Hausaufgaben zu machen!«

*

»Wann wurde Rom erbaut?«
fragt der Lehrer.
Fritzchen meldet sich:
»Bei Nacht, Herr Lehrer.«
»Wer hat dir denn das erzählt?«
»Na, Sie haben doch neulich selbst gesagt: Rom wurde nicht an einem Tag erbaut.«

Der Lehrer gibt die Aufsatzhefte zurück. Als er zu Peter kommt, fragt er ihn:
»Peter, dein Aufsatz ist gut, aber er stimmt Wort für Wort mit dem deines Nebenmannes überein. Was muß ich daraus schließen?«
»Daß der Aufsatz von meinem Nebenmann auch gut ist!«

*

Der Lehrer fragt Hans:
»Warum hast du deine Hausaufgaben nicht gemacht?«
»Wir hatten Kurzschluß in unserem Haus.«
»Und was hast du im Dunkeln getrieben?«
»Fernsehen geschaut!«
»Ohne Strom?«
»Ich hatte ja eine Kerze!«

*

»Fritzchen, sag mir einmal, warum bitten wir eigentlich um das tägliche Brot und nicht um das wöchentliche, monatliche oder gar jährliche?«
»Weil es sonst verschimmeln würde, Herr Lehrer!«

*

Was ist der schwerste Arbeitstag eines Lehrers?
Montags, weil er an diesem Tag zwei Kalenderblätter auf einmal abreißen muß.

*

»Hans, wie schreibt man Saxophon?« fragt der Lehrer.
Hans antwortet:
»Aber Herr Lehrer, Saxophon bläst man!«

*

Fritz macht seine Hausaufgaben in Französisch.
»Vati«, fragt er, »heißt es ›la cœur‹ oder ›le cœur‹?«
Darauf der Vater:
»Natürlich Likör!«

Der Lehrer besucht mit seiner Klasse eine Gemäldegalerie. Vor dem Bild Friedrichs des Großen auf dem Totenbett fragt er seine Schüler:
»Wißt ihr eigentlich, woran Friedrich der Große gestorben ist?«
Berthold antwortet:
»Das steht doch unter dem Bild: Nach einem Stich von Menzel!«

*

»Morgen haben wir keine Schule, unser Lehrer verreist!«
»Wohin denn?«
»Keine Ahnung! Er hat nur gesagt: Schluß für heute, morgen fahre ich fort.«

*

Der Professor fragt seine Studenten:
»Was würden Sie mit einem Pferd tun, das sich das Schlüsselbein gebrochen hat?«
Die jungen Leute einigen sich auf Tetanusspritze und Gipsverband.
»Ganz falsch«, sagt der Professor, »Sie sollten es an ein Museum verkaufen.
Es wäre das erste Pferd mit einem Schlüsselbein.«

*

Helga hat während der Feiertage den Unterrichtsstoff der letzten Stunde vollkommen vergessen.
Die Lehrerin will ihrem Gedächtnis nachhelfen und fragt:
»Helga, was hast du denn am Freitag aufgehabt?«
»Den blauen Sonntagshut mit der roten Schleife.«

*

Lehrer: »Was ist eine Mumie?«
Uli: »Ein eingemachter König!«

*

»Was ist ›analog‹?«
»Die Vergangenheit von ›Anna lügt‹, Herr Lehrer!«

Lehrer: »Was kann Wasserkraft alles bewirken?«
Fritzchen: »Wenn meine Schwester heult, bekommt sie von ihrem Freund alles!«

*

Bei einem Psychotherapeuten klingelt das Telephon, und eine Kinderstimme fragt:
»Herr Doktor, die Schule macht mir Spaß. Können Sie mir helfen?«

*

Vater hat ein Gerät, das Lügen anzeigt. Er fragt Hans:
»Was hast du heute im Diktat geschrieben?«
Hans: »Eine 1.«
Das Gerät wackelt.
Hans: »Eine 2.«
Das Gerät wackelt.
Hans: »Eine 3.«
Das Gerät wackelt.
Vater wird wütend und schreit:
»Ich habe früher nur Einser geschrieben!«
Da fällt das Gerät um.

*

Lehrer: »Gebt mir ein Beispiel für Verteidigung in Notwehr.«
Schüler: »Wenn ich gezwungen bin, mein Zeugnis selbst zu unterschreiben.«

*

Fritzchen erzählt zu Hause:
»Heute ist Elternabend ganz im intimen Kreis. Nur der Lehrer und du!«

*

»Nenne mir die Jahreszeiten, Klaus«, sagt der Lehrer.
»Frühling, Herbst und Winter.«
»Na, und wo bleibt der Sommer?«
»Das habe ich mich in diesem Jahr auch gefragt, Herr Lehrer!«

Der Musiklehrer fragt:
»Welches Streichinstrument kennst du?«
Darauf Kurt:
»Den Pinsel, Herr Lehrer!«

*

Der Lehrer leutselig:
»Na, Fritzchen, wie nennt man einen Menschen, der redet, ohne daß ihm jemand zuhört oder Interesse an seinen Worten hat?«
»Einen Lehrer, Herr Lehrer!«

*

Ein Schüler geht am Bahnhof zum Fahrkartenschalter und bittet:
»Ich möchte eine Fahrkarte nach Köln.«
Der Schalterbeamte: »Welche Klasse?«
Der Schüler: »Untertertia!«

*

Fritzchen hat sein erstes Zeugnis bekommen und zeigt es seinem Vater mit den Worten:
»Papa, Hauptsache ist doch, wir sind gesund.«

*

»Weißt du, was ein Lama ist?«
»Na klar, das ist ein Mensch, der immer seinen kranken Fuß nachzieht!«

*

Der Lehrer zu Fritzchen:
»Nenn mir mal ein paar Tiere!«
Fritzchen zählt auf:
»Häschen, Hündchen, Pferdchen ...«
Meint der Lehrer:
»Laß doch das ›chen‹ weg.«
Darauf Fritzchen:
»Eichhörn.«

Die Lehrerin kommt in die Klasse, bleibt an der Tafel stehen und sagt:
»Wer sich für dumm hält, soll bitte aufstehen.«
Alle Mädchen bleiben sitzen, minutenlang! Dann springen Hanni und Nanni hoch.
»Na, wieso ihr beide, so schlecht sind eure Zeugnisse doch nicht?« fragt die Lehrerin erstaunt.
Wie aus der Pistole geschossen antworten Hanni und Nanni:
»Sie sollen nicht als einzige Dumme in der Klasse stehen.«

*

Der Klassenlehrer wird ans Telephon gerufen:
»Hallo, ich möchte Ihnen nur mitteilen, daß mein Sohn krank ist und heute nicht zur Schule kommen kann.«
»Wer spricht denn da?« fragt der Lehrer zurück.
»Mein Vater!«

*

Die Hausaufgabe lautete:
Ein Wanderer geht 5 km in der Stunde.
Wie lange braucht er für 12,5 km?
Der Lehrer fragt Peter, warum er die Aufgabe nicht gelöst hat und bekommt zur Antwort:
»Mein Vater ist noch unterwegs, Herr Lehrer!«

*

Der Lehrer kommt in der Schule auf fliegende Fische zu sprechen.
»Na, hat jemand von euch schon welche gesehen?« fragt er.
»Ja, ich«, meldet sich Eberhard, »auf dem Wochenmarkt, als sich zwei Marktfrauen stritten.«

*

Der Dorfschullehrer fragt Heiner:
»Warum hast du denn zwei Tage gefehlt?«
»Gestern hat es bei uns gebrannt!«
»Und vorgestern?«
»Da haben wir alles ausgeräumt!«

*»Wir brauchen dringend eine Schulreform!
Nicht mal den Lehrer darf man verhauen!«*

Der Lehrer weiht seine Klasse in die Geheimnisse des Rechnens ein:
»Es gibt Millimeter, Zentimeter, Quadratmeter, Kubikmeter und . . . ?«
»Elfmeter«, brüllt Klaus dazwischen.

Die Lehrerin sagt zu Fritzchen:
»Fritzchen, dein Aufsatz zu dem Thema ›Unser Hund‹ ist fast wörtlich der gleiche wie der deines Bruders.«
Antwortet Fritzchen:
»Es ist ja auch der gleiche Hund.«

*

Die Lehrerin erklärt der Klasse ›Gegenwart‹, ›Vergangenheit‹ und ›Zukunft‹. Schließlich fragt sie:
»Ich werde heiraten – was ist das?«
Fritzchen antwortet:
»Allerhöchste Zeit, Fräulein Lehrerin!«

*

Peter zu seinem Freund:
»Bin ich froh, daß ich noch nicht zur Schule gehen muß!«
Erwidert der Freund:
»Wieso denn, dann hast du doch nie Ferien!«

*

Der Onkel fragt seinen Neffen, der schon sehr lange studiert:
»Bist du eigentlich einmal oder schon zweimal durchs Examen gefallen?«
»Mit morgen zweimal!«

*

Mäxchen kommt mit dem Zeugnis nach Hause. Der Vater erhebt sich erwartungsvoll. Da sagt Mäxchen schnell:
»Vater, du kannst ruhig sitzen bleiben, ich bin nämlich auch sitzengeblieben.«

*

Der Lehrer zu Fritzchen:
»Hast du deine Hausaufgaben gemacht?«
»Nein!«
»Dann werde ich das deinem Vater sagen.«
»Das nützt nicht viel, der macht sie auch nicht.«

Kindermund hat Gold im Mund

Ein kleiner Junge fährt mit seinem Fahrrad langsam vor der Straßenbahn her. Das geht eine ganze Weile so. Schließlich ruft der Straßenbahnfahrer empört:
»Lausebengel, kannst du nicht von den Schienen runter!«
»Ich schon«, grinst der Knirps, »aber du nicht.«

*

Neugierig sieht Maxel dem Gärtner Spatenstich zu.
»Wohin fahren Sie denn den vielen Mist?« fragt er schließlich.
»Den«, meint der Gärtner, »gebe ich auf die Erdbeeren.«
Maxel gehen die Augen über.
»Das kann nicht wahr sein! Wir geben immer Sahne darauf.«

*

Der Vater kommt ganz aufgeregt zu seinem vierjährigen Sohn:
»Peter, du hast ein Schwesterchen bekommen!«
»Au fein, komm, das erzählen wir Mutti!«

*

Klein Fritzchen fragt die Mutti:
»Sag mal, Mami, das stimmt doch, daß der Storch die Kinder bringt und der liebe Gott uns das tägliche Brot gibt?«
»Sicher ist das wahr«, bekräftigt die Mutter.
»Dann möchte ich mal wissen, wozu wir den Papa eigentlich brauchen?«

*

»Vati, Vati!« ruft Maxel aufgeregt.
»Du solltest doch nur reden, wenn du gefragt wirst«, sagt der Vater.
»Könntest du mich dann nicht schnell fragen, ob Mutti die Treppe hinuntergefallen ist?«

Oma war beim Friseur und hat sich die Haare schneiden lassen. Als sie nach Hause kommt, staunt Fritzchen:
»Jetzt siehst du gar nicht mehr wie eine alte Frau aus.«
Oma fragt erfreut:
»Wie denn?«
»Wie ein alter Mann.«

*

Kläuschen kommt heulend nach Hause:
»Ein großer Junge hat mich verhauen!«
Die Mutter fragt:
»Würdest du ihn denn wiedererkennen?«
Meint Kläuschen:
»Na, klar, ich habe doch sein Ohr in der Tasche.«

*

Tina wird nach dem Bad abgetrocknet. Weil ihr Po ein bißchen wund ist, reibt Mami ihn mit Öl ein. Da fragt Tina:
»Gell, Mami, jetzt hast du einen Ölwechsel bei mir gemacht?«

*

Heini kommt aufgeregt in die Küche gelaufen:
»Mutti, Mutti, eben habe ich die Trittleiter im Wohnzimmer umgestoßen.«
Mahnend sagt die Mutter:
»Aber Heini, wenn Vati das wüßte, würde er sehr mit dir schelten.«
»Du Mutti, Vati weiß es ja, er hängt an der Gardinenstange!«

*

»Wer schreit denn bei euch so, Peter?«
»Das ist mein Großvater, der erklärt meinem Vater gerade meine Rechenaufgaben!«

*

»Papi, wo liegt Albanien?«
»Da mußt du die Oma fragen, die räumt hier doch immer alles auf!«

Herr Huber hat den Nagel, an dem er ein Bild aufhängen wollte, krummgeschlagen.
»Geh, hol mir aus der Küche die alte Beißzange«, sagt er zu seinem Sohn.
Der Sohn geht zur Tür und ruft:
»Tante Emilie, Papa möchte dich sprechen!«

*

Susi und Peter, beide fünf Jahre alt, hocken hinter einem Busch und sehen einem Liebespaar zu, das sich ständig küßt.
»Was machen die denn da?« fragt Susi.
»Na, ganz einfach, er will ihr den Kaugummi klauen.«

*

Bei einem Zoobesuch sagt die Mutter besorgt zu ihrer kleinen Tochter:
»Mausi, geh sofort von dem Löwen weg!«
Meint die Kleine treuherzig: »Wieso, Mutti, ich tue ihm doch gar nichts.«

*

Der kleine Junge im Omnibus zieht dauernd die Nase hoch.
»Hast du denn kein Taschentuch?«
fragt ihn eine ältere Dame.
»Doch.«
»Na und?«
»Meine Mutter hat mir streng verboten, es zu verleihen.«

*

Omi geht mit Gretchen einkaufen. Vor dem Geschäft machen viele Kinder Handstand. Da fragt Gretchen:
»Darf ich auch Handstand machen?«
»Nein«, sagt die Oma, »dann sieht man doch dein Höschen.«
Oma erledigt ihre Einkäufe. Als sie aus dem Laden herauskommt, sagt Gretchen:
»Oma, ich habe doch Handstand gemacht.«
»Dann hat man doch dein Höschen gesehen.«
»Nein, ich habe es vorher ausgezogen!«

Betty wird vom Vater gefragt, ob sie lieber ein Brüderchen oder ein Schwesterchen möchte. Sie überlegt kurz und meint dann:
»Vati, wenn es noch zu machen geht, möchte ich lieber einen Hund.«

*

Die Oma sagt zum Fritz:
»Weil du heute so lieb warst, bekommst du das neue Markstück.«
Meint Fritz:
»Das wäre nicht nötig gewesen, ein alter Zehnmarkschein hätte es auch getan.«

*

Das Telefon klingelt. Der kleine Peter klettert auf den Schreibtisch und piepst in den Hörer:
»Mama und Papa sind nicht zu Hause. Ich bin mit meiner Schwester alleine.«
»Dann gib mir mal deine Schwester«, sagt der Anrufer.
Nach einer Weile kommt Peter an den Apparat zurück:
»Ich bekomme sie nicht aus dem Kinderbettchen.«

*

Beim Essen will Peter dem Papa etwas sagen. Papa ermahnt ihn:
»Sei still, ich unterhalte mich mit den Großen und du redest nur, wenn du gefragt wirst.«
Als die Familie fertig ist, darf Peter sprechen. Doch er winkt ab:
»Nun ist es zu spät, Papa, du hast inzwischen die Schnecke auf dem Salat aufgegessen.«

*

Fritzchen steht auf der Brücke und weint. Ein Fußgänger kommt vorbei und fragt ihn:
»Warum weinst du denn?«
»Ach, da waren böse Kerle, die haben mein Schulbrot in den Fluß geworfen.«
»War es mit Absicht?«
»Nein, mit Käse.«

». . . und jetzt schlagen wir noch das Eiweiß von sechs Eiern dazu . . .«

Das Schwesterchen fragt:
»Mutti, ist unser neues Baby vom Himmel gekommen?«
»Natürlich!«
»Siehste, die dort oben wollten den Schreihals auch nicht haben!«

»Glaubst du, daß Tante Lina in den Himmel kommt?« fragt Karlchen seinen Bruder.
»Das glaube ich nicht, dieser Drachen steigt nicht höher als 300 Meter!«

*

Eine Mutter sagt zu ihrem Sohn:
»Schön, daß du dich mit dem Jungen von nebenan so gut verträgst. Ich sah eben, wie du ihm ein paar Bonbons zum Abschied geschenkt hast.«
»Das waren keine Bonbons, Mutti, das waren seine Vorderzähne.«

*

»Mutti, kannst du mir fünfzig Pfennig geben für einen alten Mann?«
»Ja gern, Heini, es freut mich, daß du einem alten Mann helfen willst. Wo ist er denn?«
»Er steht nebenan vor dem Kaufhaus und verkauft Himbeereis.«

*

»Vater hat mir verhauen«, schluchzt Ede aus Berlin.
»Mich«, verbessert die Mutter.
»Was, dir auch?«

*

Eines Abends badet der Papa seinen kleinen Sohn. Als er ihn abtrocknet, sagt er nicht ohne Stolz:
»So, das haben wir auch mal ohne Mutti geschafft!«
»Ja schon«, antwortet der Junge zögernd, »aber Mutti zieht mir vor dem Baden immer erst die Schuhe aus.«

*

Klein Eva war unartig und wird von ihrem Vater in den Hühnerstall gesperrt. Weinend sagt sie:
»In den Hühnerstall kannst du mich ja sperren, aber Eier lege ich keine!«

»Papa, was macht man, wenn man von einer Schlange gebissen wurde?«
»Dann nimmst du ein Messer, schneidest die Bißstelle auf und saugst das Gift aus.«
»Und wenn man in den Po gebissen wird?«
»Dann kannst du feststellen, ob du wirklich einen Freund hast.«

*

»Papa, wo liegt Afrika?« fragt Fritzchen seinen Vater.
»Weiß ich nicht genau. Aber weit kann es nicht sein; denn wir haben einen Neger im Büro, und der fährt jeden Tag zum Mittagessen nach Hause.«

*

Peterle hat die Ferien bei den Großeltern verbracht. Nun ist er wieder daheim. Mutti bekommt einen Brief von der Oma.
»Großmutter schreibt«, sagt sie, »du hättest immer so Heimweh gehabt.«
»Ja, dann behandeln sie einen besser.«

*

Die Tante kommt zu Besuch. Susi sagt freudestrahlend:
»Tante, ich habe dir ein Bonbon aufgehoben, möchtest du es haben?«
»Gern«, sagt die Tante und lutscht genüßlich.
Da fragt Susi:
»Schmeckt dir das Bonbon auch?«
»Ja, sehr«, antwortet die Tante.
»Dann verstehe ich nicht, warum Fiffi es vorhin ausgespuckt hat.«

*

Mutter zum Sohn:
»Warum bist du denn schon wieder da, ich dachte du bist im Schwimmbad?«
»War ich ja auch, aber der Bademeister hat mich rausgeschmissen, weil ich ins Wasser gepinkelt habe.«
»Ach, das machen doch alle!«
»Ja, aber nicht vom Dreimeterbrett!«

»Meine große Schwester zieht sich mindestens dreimal am Tag um!«
»Und meine wechselt mindestens achtmal am Tag ihre Kleidung!«
»Das kann doch nicht wahr sein! Wie alt ist sie denn?«
»Drei Monate!«

*

»Geben Sie mir bitte ein Kilo Milch«, sagt Hänschen zum Händler.
»Milch wird nicht gewogen, sondern gemessen«, berichtigt der Mann hinter dem Ladentisch.
»Schön, dann geben Sie mir eben einen Meter Milch!«

*

Fritz geht am Ufer entlang und fällt in den See. Er schreit voll Angst:
»Ich habe keinen Grund!«
Fragt Klaus vom Ufer aus:
»Warum schreist du dann, wenn du keinen Grund dazu hast?«

*

»Ach«, sagt die Tante entzückt, als sie nach längerer Zeit ihren Neffen wiedersieht, »jetzt merke ich erst, wie ähnlich du mir siehst.«
»Ja«, sagt der Kleine, »das sagt Vati auch immer. Doch er meint, daß Jungens nicht hübsch zu sein brauchen.«

*

»Onkel, tut dir dein Ohr noch weh?«
»Warum denn?«
»Vati hat gesagt, er hätte dich gestern tüchtig übers Ohr gehauen.«

*

»Warum schreit dein Schwesterchen so?«
»Sie bekommt neue Zähne.«
»Ja, will sie denn keine?«

»Geht mal rein, der wird euch schon die Ohren lang ziehen!«

»Das ist aber schön, daß du kommst«, begrüßt Seppl den Onkel an der Tür. »Mama sagte erst gestern, du fehltest uns gerade noch.«

Fritzchen macht mit den Eltern einen Einkaufsbummel. Er fragt:
»Papa, seit wann werden Krokodile mit Seide gefüttert?«
»Wie kommst du denn darauf?«
»Hier steht doch: Echt Krokodil mit Seide gefüttert!«

*

Heinz wünscht sich eine Trompete.
»Auch das noch«, brummt der Vater, »dann will er immer blasen, wenn ich arbeite.«
»Okay«, sagt Heinz, »schließen wir einen Kompromiß: Ich blase nur, wenn du schläfst.«

*

Klein Hänschen fragt:
»Papi, ist der Stille Ozean den ganzen Tag still?«
Der Vater:
»Frag doch mal was Vernünftiges!«
Hänschen: »Woran ist denn das Tote Meer gestorben?«

*

Fritzchen fragt seinen Vater:
»Vati, heißt es ›schlag mich‹ oder ›schlag mir‹?«
»Natürlich heißt es ›schlag mich‹!«
»Na gut, dann schlag mich bitte mal das Buch auf.«

*

Fritzchen im Zoo:
»Mutti, der Affe sieht aus wie Onkel Herbert.«
»Willst du wohl still sein!« sagt die Mutter.
»Wieso, der Affe hört mich doch nicht.«

*

Heinrich beschwert sich bei den Eltern:
»Wenn ihr Monika eine Geige schenkt, dann müßt ihr mir ein Fahrrad kaufen.«
»Wieso denn das?«
»Ganz klar, damit ich wegfahren kann, wenn Monika übt.«

»Vati, Vati«, ruft der kleine Peter, »warum dreht sich denn die Erde?«
»Junge, du wirst mir doch nicht an meine Cognacflasche gegangen sein?« sagt der Vater besorgt.

*

»Otto, tu mir einen Gefallen und gebrauche statt des Wortes ›Weib‹ das Wort ›Dame‹!«
»Ganz wie du wünschst, aber dabei ist das Wort doch wirklich so schön. Man sagt ja auch das ›weibliche‹ Geschlecht und nicht das ›dämliche‹ Geschlecht.«

*

Die Mutti sagt zu ihrem kleinen Sohn:
»Aber Heini, man darf doch den Zeigefinger nicht in die Nase stecken.«
»Das darf man nicht?« fragt Heini. »Ja welchen Finger soll ich denn dann nehmen?«

*

»Bernd«, schreit die Mutter, »eben finde ich in deiner Hosentasche einen lebenden Frosch!«
»Was«, erschrickt Bernd, »die Mäuse sind nicht mehr drin?«

*

Ein alter Herr tadelt den kleinen Jungen, der eine Zigarette raucht:
»Wenn das dein Lehrer sehen würde!«
Der kleine Junge darauf:
»Keine Sorge, ich gehe noch nicht zur Schule.«

Drum prüfe, wer sich ewig bindet

Klein Erna wird von Mami ins Bett gebracht. Nach dem Gutenachtkuß sagt die Mami:
»Nun schlaf schön, das Sandmännchen kommt auch gleich.«
Darauf Klein Erna:
»Gib mir zwei Mark, dann sage ich auch nichts dem Papa.«

*

Vater:
»Mutti hat am Sonntag Geburtstag, und ich weiß immer noch nicht, was ich ihr schenken soll.«
Peter:
»Frag sie doch einfach!«
Vater:
»So viel Geld wollte ich nun auch wieder nicht ausgeben.«

*

»Du, hast du schon von Werners Unglück gehört?«
»Nein, was ist denn passiert?«
»Er ist mit meiner Frau durchgebrannt!«

*

»Was sagst du dazu, Elli, Manfred ist gestern vor mir auf die Knie gefallen!«
»Ich hab schon immer gesagt, ihr bohnert zu glatt!«

*

Fröhlich kommt die Ehefrau nach Hause und sagt zu ihrem Mann:
»Endlich habe ich einen traumhaft schönen Hut gefunden!«
Darauf der Ehemann:
»Schön, daß du ihn gefunden hast. Gekauft hätte ich dir nämlich keinen.«

Susi kauft sich eine Schokoladenpuppe.
»Soll es ein Junge oder ein Mädchen sein?« fragt die Verkäuferin.
»Ein Junge, bitte, da ist mehr dran.«

*

Beate zu ihrer Freundin:
»Vor zwei Monaten habe ich meine Verlobung mit Karl gelöst. Seitdem ist er jeden Tag betrunken.«
»Alle Achtung, da feiert er aber lange!«

*

Reporter zum Bürgermeister:
»Wie ich der Statistik entnehme, ist die Einwohnerzahl Ihres Ortes seit Jahren gleichgeblieben. Gibt es bei Ihnen denn keine Geburten?«
»Aber natürlich«, protestiert das Gemeindeoberhaupt, »nur: Jedesmal, wenn ein Kind geboren wird, verschwindet ein junger Bursche aus dem Dorf.«

*

»Nun erzählen Sie bitte einmal, wie alles gekommen ist«, fordert der Frauenarzt die Dame auf, die nervös vor ihm sitzt.
»Ganz einfach: Aus Spaß wurde Ernst.«
»Und weiter?«
»Ernst kann jetzt schon laufen!«

*

Ehefrau:
»Was schenkst du mir denn zum Geburtstag, Liebster?«
Ehemann:
»Mein vollstes Vertrauen, Liebste!«

*

Der Lehrer trifft Frau Meier in der Stadt:
»Guten Tag, Frau Meier! Ihr Sohn hat einen ausgesprochenen Wissensdurst. Hat er das von Ihnen oder von Ihrem Gatten?«
»Teils, teils. Das Wissen hat er von mir, den Durst von seinem Vater.«

»Mutti«, fragt Monika, »können alle Engel fliegen?«
»Natürlich, mein Kind.«
»Aber Heike kann doch nicht fliegen?«
»Heike ist auch kein Engel, sondern unser Hausmädchen.«
»Aber Vati hat neulich gesagt: Oh Heike, mein süßer Engel.«
»So? Dann fliegt sie natürlich!«

*

»Bin ich die Erste, die du geküßt hast?«
säuselt die süße Anneliese.
»Möglich«, sagt er, »warst du vor zehn Jahren in Düsseldorf?«

*

Die Wahrsagerin erklärt ihrer Kundin:
»Mein Kaffeesatz verheißt nichts Gutes für Sie. Ihr Mann wird umgebracht.«
Fragt die Frau neugierig:
»Oh, und was sagt der Kaffeesatz noch? Werde ich freigesprochen?«

*

Zwei Freundinnen treffen sich nach längerer Zeit wieder und unterhalten sich über dies und jenes.
»Mein Mann schläft oft in der Badewanne ein, während das Wasser noch läuft«, erzählt die eine.
»Aber läuft es denn dann nicht über?«
»Nein, er schläft mit offenem Mund.«

*

»Hast du dich etwa von deiner Braut getrennt, weil sie jetzt eine Brille tragen muß?«
»Umgekehrt! Weil sie jetzt eine Brille trägt, will sie nichts mehr von mir wissen!«

*

»Ach Mutti«, seufzt der sechsjährige Alf, »soll ich die Bibi oder die Tina heiraten? Die Bibi gefällt mir ja viel besser, aber die Tina hat so'n süßes Meerschweinchen!«

»Gestern hat mein Mann aus Versehen die Autoschlüssel verschluckt.«
»Ach wie schlimm! Mußte er operiert werden?«
»Nein, wir hatten noch die Ersatzschlüssel!«

*

»Kinder erhellen unser Leben«, schwärmt die junge Mutter.
»Stimmt«, meint ihr Mann, »sie knipsen nie das Licht aus.«

*

Katrin muß einen Hausaufsatz schreiben. Thema: Die Entstehung meiner Familie. Sie fragt ihre Mutti:
»Wo kommst du eigentlich her?«
»Mich hat der Storch gebracht.«
»Und wo komme ich her?«
»Dich hat auch der Storch gebracht.«
»Und wo kommt Oma her?«
»Die hat auch der Storch gebracht!«
Katrins Aufsatz beginnt so: »Seit drei Generationen hat es bei uns keine normale Geburt mehr gegeben ...«

*

Es regnet fürchterlich. Da klingelt es. Der junge Ehemann öffnet:
»Hallo, Schwiegermutter, was machst du denn da draußen im Regen! Geh sofort nach Hause, ehe du dich erkältest.«

*

»Zwanzig Jahre lang waren meine Frau und ich die glücklichsten Menschen«, gesteht Meier seinem Freund.
»Und dann?«
»Dann kam der Tag, an dem wir uns begegnet sind!«

*

Der junge Ehemann will seine Schwiegermutter rasch davon verständigen, daß seine Frau soeben Zwillinge geboren hat. Er telegraphiert:
»Heute früh Zwillinge – stop – morgen mehr.«

»Sprich nicht in dem Ton zu mir, schließlich bin ich nicht dein Mann!«

Ehekrach!
»Du bist abscheulich«, schluchzt sie, »ich gehe zurück zu meiner Mutter!«
»Das ist zwecklos«, antwortet er, »die ist gestern zu deiner Großmutter zurück!«

Fräulein Thusnelda geht mit ihrem neuen Schwarm, einem Studenten der Naturwissenschaften, im Wald spazieren. Um Eindruck zu machen, will sie ein naturnahes Gespräch mit ihm führen.
»Herr Heinrich«, flötet sie, »was würde diese herrliche Buche sagen, wenn sie sprechen könnte?«
»Sie würde sagen: ›Mein Fräulein, ich bin eine Eiche‹.«

*

»Was mein Mann anfaßt, wird zu Gold.«
»Dann laß ihn doch mal über das Armband streichen, das er dir zu Weihnachten geschenkt hat!«

*

Klein Fritzchen: »Papi, ich will die Oma heiraten.«
Vater: »Aber du kannst doch nicht meine Mutter heiraten!«
Klein Fritzchen: »Aber du hast doch auch meine Mutter geheiratet!«

*

Ein älteres Paar sitzt im Theater. Plötzlich sagt die Frau:
»Jetzt kommt der lange Monolog.«
Erwidert der Mann:
»Hoffentlich setzt er sich nicht vor uns!«

*

Ein Amerikaner hat gehört, daß man in Deutschland zu »Glück« auch »Schwein« sagt. Er ist auf einem Ball eingeladen, und der Gastgeber fragt ihn:
»Haben Sie schon mit meiner Tochter getanzt?«
Da antwortet er:
»Nein, dieses Schwein habe ich noch nicht gehabt.«

*

»Unser Bürovorsteher sieht auch immer schlechter!«
»Das ist doch kein Wunder. Das eine Auge muß er bei jeder Gelegenheit zudrücken, und das andere hat er auf das hübsche Lehrmädchen geworfen.«

Zwei Freunde trinken ein Glas Bier zusammen. Der eine ist verheiratet, der andere noch ledig.
»Warum heiratest du eigentlich nicht?« fragt der Ehemann.
»Ganz ehrlich gesagt, weil ich dauernd an deine Frau denken muß«, erwidert der Junggeselle.
»Du Unglückseliger, du liebst sie also!« brüllt der Ehemann.
»Aber nein, ich befürchte nur, auch so eine zu erwischen!«

*

Bei Familie Schulz wird bald ein Baby erwartet. Helga liest in der Zeitung und ruft plötzlich:
»Papi, wir werden eine interessante Familie!«
»Wieso?« fragt der Vater.
»Stell dir vor, wir kriegen ein richtiges Chinesenkind«, begeistert sich Helga. »Mit Fritzchen, Elli und mir sind wir zu dritt. Und hier steht, jedes vierte Kind, das zur Welt kommt, ist ein Chinese!«

*

Fragt der frischgebackene Ehemann seine Frau:
»Was suchst du so verzweifelt im Kochbuch?«
Erwidert die Frau:
»Kannst du mir sagen, wie man Wäsche kocht?«

*

»Mutti, Jochen hat mich zum Wochenende nach Hause eingeladen.«
»Fein, Lilo, dann will er dich sicher seinen Eltern vorstellen?«
»Aber nein, die sind doch verreist!«

*

Zwei männliche Seelen unterhalten sich im Himmel.
»Sag mal, wie bist du eigentlich gestorben?« fragt die eine.
»Ja, ich hatte erfahren, daß meine Frau einen Freund bei sich hatte. Da bin ich sofort nach Hause gerast, der Kerl war aber gar nicht da. Das hat mich so aufgeregt, daß ich den Kühlschrank aus dem Fenster geworfen habe. Da bekam ich einen Herzschlag. Und wie war es bei dir?«
»Tscha, ich habe im Kühlschrank gesessen!«

Der fünfjährige Klaus fragt den Vati:
»Sag mal, sind tausend Mark eigentlich viel Geld?«
»Das kommt darauf an«, antwortet der Vater, »ob ich sie verdienen muß oder ob deine Mutter sie ausgibt.«

*

Herr Schmidt erzählt seiner Frau:
»Es gibt Kamele, die können neun Tage arbeiten, ohne zu saufen.«
»Es gibt auch Kamele, die können neun Tage saufen, ohne zu arbeiten!« seufzt Frau Schmidt.

*

Lehrer: »Was ist ein Mann, der noch keine Frau hat?«
Max: »Ledig.«
Lehrer: »Und was ist ein Mann, der eine Frau hat?«
Max: »Erledigt.«

*

»So, so, die Helga hat dich also doch nicht geheiratet. Hast du ihr denn nicht von deinem steinreichen Erbonkel erzählt?«
»Na, klar, aber da hat sie lieber gleich den genommen!«

*

Der Ehemann trifft seinen Freund und erzählt ihm:
»Meine Frau denkt bei jedem nächtlichen Geräusch, das seien Einbrecher.«
»Aber Einbrecher machen doch keinen Krach!«
»Das habe ich ihr auch erklärt. Jetzt meckert sie immer, wenn es still ist.«

*

»Weshalb ist deine Frau denn so wütend?«
»Ach, zuerst hat sie sich über unseren Jungen geärgert, dann hat sie sich über mich geärgert, weil ich mich nicht über den Jungen geärgert habe, und nun ärgert sie sich darüber, daß ich mich ärgere, daß sie sich über den Jungen geärgert hat!«

Das Haar in der Suppe

»Herr Ober, wieso ist das Weinglas, das Sie mir bringen, leer?«
»Wenn ich mich recht erinnere, hatten Sie einen ganz trockenen Wein bestellt, mein Herr.«

*

»Was können Sie mir heute empfehlen, Herr Ober?«
»Starke Zähne und einen guten Magen, mein Herr!«

*

»Herr Ober, die Serviette, die Sie mir gegeben haben, ist ja schon gebraucht, es sind Spinatflecken darauf.«
»Pardon, man muß sie falsch zusammengelegt haben!«

*

»Denk dir, Mama, beim Kochunterricht habe ich heute aus Versehen anstatt Haferflocken Waschpulver in die Mehlspeise getan!«
»Und was hat die Lehrerin gemacht?« fragt die Mutter.
»Geschäumt hat sie«, antwortet die Tochter.

*

»Herr Ober, ich bin empört! Auf meinem Teller liegt ein Wurm!«
»Nein, mein Herr, das ist das Würstchen, das Sie bestellt hatten.«

*

»Wie soll ich denn die Würstchen zubereiten?« fragt die junge Ehefrau ratlos.
»Ganz einfach kochen, wie damals den Fisch«, antwortet ihre Mutter.
Als das Gericht fertig ist, stellt die junge Frau enttäuscht fest:
»Viel ist ja nicht mehr dran, wenn man sie ausgenommen hat.«

Der Gast studiert die Speisekarte. Dann ruft er den Kellner: »Herr Ober, wie kommt es, daß drei Spiegeleier 1 Mark 90 kosten, drei Rühreier aber nur 1 Mark 50?«
Da beugt sich der Kellner zum Gast hinunter und fragt leise: »Wie zählen Sie Rühreier?«

*

»Herr Ober, was macht die Fliege in der Suppe?«
fragt der Gast.
»Ich glaube, Brustschwimmen«, entgegnet der Ober.

*

Im Ferienheim sagt Ruth zu Steffi beim Frühstück:
»Der Kaffee schmeckt heute nach Spülwasser.«
»Du leidest wohl unter Geschmacksverirrung, das ist Tee«, antwortet Steffi.
Da ruft die Heimleiterin über den Tisch:
»Möchte noch jemand Kakao?«

*

Herr Krause sitzt im Restaurant:
»Herr Ober, in meiner Suppe schwimmt eine Fliege!«
»Nicht mehr lange«, antwortet der Ober, »sehen Sie die Spinne am Tellerrand?«

*

Ein Ehepaar bestellt im Gasthaus einen Rehrücken, überlegt es sich aber nach einer Weile und bittet den Ober, statt Reh lieber Hirsch zu servieren.
Ruft der Kellner in die Küche:
»Hallo, können wir aus dem Reh einen Hirsch machen?«

*

Franz beschwert sich in der Milchbar:
»Die Milch ist aber sehr wässrig.«
Schlagfertig antwortet die Bedienung:
»Entschuldigung, die Kuh hat sicher zu lange im Regen gestanden.«

Kommt ein Skelett in ein Restaurant und setzt sich an einen Tisch. Nach einer Stunde kommt der Ober und sagt:
»Entschuldigung, daß sie so lange warten mußten.«

*

Aus dem Kochkurs bringt Helga ein selbstgebackenes Stück Kuchen für ihren Bruder mit. Der beißt rein und fragt:
»Was ist das denn für ein Kuchen?«
»Ein Marmorkuchen.«
»Marmor? Ich hätte auf Steinkohle getippt!«

*

In einem Schnellimbiß bestellt ein Gast einen »Hamburger« und dazu noch ein Brötchen. Die Verkäuferin lacht und sagt:
»Das Brötchen ist schon drin.«
Darauf der Gast:
»Nein, nein, noch ein Brötchen bitte.«
Darauf die Verkäuferin, wieder lachend:
»Das ist auch schon drin.«

*

»Das Schollenfilet in der vorigen Woche war aber besser, Herr Ober!«
»Verstehe ich nicht, es ist doch von derselben Scholle!«

*

Herr Schrippe sagt zu seiner Frau, als sie von der Einladung bei Schulzes zurückkehren:
»Ein ekelhafter Fraß! Da hätten wir genauso gut zu Hause essen können.«

*

Hanni hat den ersten Apfelkuchen ihres Lebens gebacken. Ihr Vater sagt:
»Der Kuchen ist gut, aber ich finde kein Stück Apfel darin.«
Darauf Hanni, nicht verlegen:
»Vati, ist in einem Hundekuchen ein Hund?«

»Herr Ober, soll das etwa ein starker Kaffee sein?«
»Natürlich, mein Herr! Sie haben nur einen Schluck getrunken, und schon regen Sie sich auf!«

*

»Herr Ober, bitte bringen Sie mir einen Zahnstocher!«
»Tut mir leid, mein Herr, im Moment sind alle besetzt!«

»Ich habe mich nicht in den Finger geschnitten – ich bin heimlich verlobt!«

Lustiger zoologischer Garten

Onkel Albert hat einen Papagei ersteigert.
»Kann der Vogel denn auch wirklich sprechen?« fragt er den Versteigerer.
»Aber natürlich, was glauben Sie, wer eben mitgesteigert hat?«

*

Zwei Flöhe kommen aus dem Kino, es stürmt und regnet. Da sagt der eine Floh zum anderen:
»Gehen wir zu Fuß oder nehmen wir uns einen Hund als Taxi?«

*

Zwei Schnecken gehen spazieren und kommen an eine Straße. Als die eine Schnecke sich anschickt, sie zu überqueren, ruft die andere:
»Spinnst du? In drei Stunden kommt der Linienbus!«

*

Eine Frau kommt zum Hundeverkäufer:
»Ich möchte gern den Boxer mit den treuen Augen kaufen.«
»Gern, meine Dame. Aber den anderen Hund aus dem Zwinger müssen Sie dann auch mitnehmen.«
»Warum denn das?«
»Er ist der Trainer des Boxers.«

*

Eine Ameise, ein Grashüpfer und ein Tausendfüßler waren in der Wohnung der Ameise verabredet. Der Grashüpfer und die Ameise warten eine geschlagene Stunde. Auf einmal kommt der Tausendfüßler keuchend herein.
»Wo bist du denn so lange gewesen?« fragt die Ameise.
»Draußen war ein Schild: Bitte Schuhe abputzen!«

Franz hat zum Geburtstag einen jungen Schäferhund geschenkt bekommen. Als er mit ihm spazieren geht, trifft er Leo. Der meint:
»Das ist aber noch ein kleines Tier. Ziehst du es groß?«
»Nein«, sagt Franz, »ich lasse es wachsen.«

*

Auf dem Hühnerhof. Eine Henne wird immer magerer.
»Was ist mit dir los?« erkundigen sich die anderen Hennen.
Sagt sie traurig:
»Ich möchte einen Hahn, der nur mich liebt . . .«

*

Treffen sich zwei Igel. Sagt der eine:
»Ich lasse mich scheiden.«
Fragt der andere:
»Warum?«
»Ich kann die Sticheleien meiner Frau nicht mehr ertragen.«

*

Kommt ein Holzwurm nach Hause und sagt zu seiner Frau:
»Du, heute ist eine Holzladung aus Hongkong angekommen.
Wollen wir chinesisch essen gehen?«

*

Zwei Schwalben sehen einen Düsenjäger vorbeizischen.
»Hui, der ist aber schnell«, meint die eine etwas neidisch.
»Kein Wunder! Wenn ihm der Hintern brennt!«

*

Warum trinken Mäuse keinen Schnaps?
Weil sie Angst vor dem Kater haben.

*

Eine Maus und ein Elefant gehen durch die Wüste. Die Maus trippelt im Schatten des Elefanten. Schließlich sagt sie:
»Wenn es dir zu heiß wird, können wir gern mal tauschen.«

Ein Hund trifft einen anderen auf der Straße und sagt freundlich:
»Wau, wau.«
Antwortet der zweite: »Kikeriki.«
Als ihn der erste erstaunt anschaut, sagt er:
»Gell, Fremdsprachen müßte man können?«

*

Eine Elefanten-Elf und eine Mäuse-Elf spielen Fußball. Da tritt ein Elefant einer Maus auf den Fuß. Er entschuldigt sich.
»Nicht schlimm«, sagt das Mäuschen, »hätte mir auch passieren können.«

*

Fritzchen kommt zum ersten Mal zu seinem Opa aufs Land. Der Opa zeigt ihm stolz den Kuhstall, wo die Kühe wiederkäuend auf der Streu liegen. Da fragt Fritzchen:
»Du, Opa, ist das denn nicht viel zu teuer, all die großen Tiere mit Kaugummi zu versorgen?«

*

Die Ameisen wollten schon immer einen Elefanten besiegen. Eines Tages kam so ein Dickhäuter in ihr Dorf. Sofort stürzten sich alle auf ihn. Der Elefant schüttelte sich, und alle – bis auf eine – purzelten herunter. Die Ameise, die sich gehalten hatte, hing nur noch mit Müh und Not an seinem Hals. Als die anderen Ameisen das sahen, riefen sie laut: »Bravo, Erwin, würg ihn!«

*

»Welches Tier ist das bescheidenste?« fragt Lotti ihre Freundin.
»Keine Ahnung!«
»Die Motte. Sie frißt nur Löcher!«

*

Das Zelt eines kleinen Wanderzirkus ist zusammengebrochen. Händeringend steht der Direktor davor und brüllt:
»Wo ist der Kerl, der unserem Elefanten Niespulver gegeben hat?«

»Wie geht es Ihrem Sohn, Frau Müller?«
»Glänzend! Er ist Bauchredner und verkauft in einem Zoogeschäft sprechende Papageien.«

*

Inge nimmt Reitunterricht. Das Pferd setzt sich in Trab, sie verliert den Halt und rutscht nach hinten. Als das Pferd vor Schreck zu galoppieren anfängt, kann sie sich nur noch am Schwanz festhalten und schreit vor Angst:
»Schnell, ich möchte ein anderes Pferd! Das ist hier zu Ende!«

»Vati, wegen dem Hund, den du aus der Hundeschule geholt hast...«

Häschen und kein Ende

Häschen kommt in die Apotheke und fragt:
»Haddu Streichhölzer?«
Der Apotheker schüttelt bedauernd den Kopf. Das geht drei Tage hintereinander so. Am vierten Tag kommt Häschen wieder zur Apotheke und siehe da, sie ist abgebrannt. Sagt Häschen zum Apotheker:
»Haddu doch Streichhölzer gehabt!«

*

Häschen zur Zapfsäule:
»Biddu'n Roboter?«
Keine Antwort. Häschen versucht es weiter:
»Biddu kein Roboter?«
Wieder keine Antwort.
»Biddu vielleicht doch'n Roboter?«
Nichts. Häschen wird es zu bunt:
»Jetzt nimm doch endlich die Finger aus deinen Ohren, damit du mich verstehen kannst!«

*

Häschen geht ins Rathaus und fragt einen Beamten:
»Haddu Vollmacht?«
»Ja«, antwortet der Beamte.
»Muddu Hose wechseln!«

*

Kommt ein Häschen in ein Teppichgeschäft und fragt:
»Haddu Läufer?«
Sagt der Verkäufer:
»Ja, ganz tolle.«
Erwidert das Häschen:
»Muddu zur Olympiade schicken.«

Häschen kommt in ein Milchgeschäft und fragt:
»Haddu Milch?«
»Ja«, sagt die Verkäuferin.
»Haddu auch fettarme?«
»Klar«, wundert sich die Frau.
»Muddu langärmelige Bluse tragen!«

*

Häschen rast in ein Schreibwarengeschäft und schreit:
»Haddu Löschpapier? Muddu mir ganz schnell geben!«
»Warum?« fragt der Verkäufer.
»Drüben brennt's!«

*

Kommt das Häschen in eine Drogerie und fragt den Drogisten:
»Haddu was gegen Schweißfüße?«
»Ja, dagegen habe ich etwas«, meint der Drogist.
Sagt Häschen: »Ich auch!«

*

Häschen kommt zu spät zur Arbeit. Mit hochrotem Gesicht vertritt ihm der Chef den Weg, hält ihm stumm die Armbanduhr unter die Nase und deutet mit dem Zeigefinger darauf.
»Oh«, staunt Häschen, »neu? Haddu heute Geburtstag?«

*

Häschen kommt an einer öffentlichen Toilette vorbei, auf der jemand singt:
»Es geht alles vorüber, es geht alles vorbei . . .«
Meint Häschen draußen ganz empört:
»Muddu dich richtig draufsetzen!«

*

Häschen geht mit einer riesigen Dogge auf der Straße spazieren. Ein Passant hält es an und fragt:
»Warum hast du denn diesen großen Hund bei dir?«
Antwortet das Häschen:
»Muß mich schützen, alle machen Witze über mich.«

Warum haßt Häschen den Jäger?
Weil er ein Gewehr hat.
Warum liebt Häschen die Lottodurchsagen?
Weil sie ohne Gewähr sind.

*

Kommt ein Häschen zur Stadtbücherei:
»Haddu Bücher?«
»Sicher!«
Häschen blättert ganz enttäuscht in einem Buch:
»Ei, wo ist denn der Wurm?«

*

Kommt das Häschen in ein Brillengeschäft und fragt den Optiker:
»Brauchdu 'ne Brille?«
»Nein«, wundert sich der Optiker, »ich fertige zwar Brillen an, sehe selbst aber sehr gut!«
Am nächsten Tag kommt das Häschen wieder:
»Brauchdu 'ne Brille?«
»Nein, ich sagte dir doch, daß ich sehr gut sehe«, schimpfte der Optiker.
Am dritten Tag fragt das Häschen wieder:
»Brauchdu 'ne Brille?«
Empört sich der Optiker:
»Hau ab, ich kann dich nicht mehr sehen!«
Meint das Häschen:
»Siehst du, brauchdu doch 'ne Brille!«

*

Häschen geht in einen Blumenladen:
»Haddu Rosen?«
»Ja, natürlich«, sagt die Verkäuferin.
»Haddu Tulpen?«
»Ja, auch Tulpen sind da.«
»Haddu Nelken?«
»Ja, willst du den Strauß?«
»Igittegitt, nein!«

Haltet den Dieb

Ein Bankräuber kommt in eine Bank und schreit:
»Das ist ein Überfall!«
Aber keiner kümmert sich um ihn. Da läuft er zum Geldschalter und ruft noch einmal:
»Das ist ein Überfall!«
Der Kassierer antwortet gelassen:
»Vor einer Wasserpistole haben wir keine Angst.«
Darauf der Bankräuber:
»Es ist aber Wasser aus dem Rhein darin!«
Darauf der Kassierer:
»Hilfe! Hilfe!«

*

»Haben Sie vielleicht in der Nähe einen Polizisten gesehen?«
»Nein.«
»Dann mal her mit der Brieftasche!«

*

Der Richter fragt:
»Stimmt es, daß Sie dem Kläger einen Faustschlag ins Gesicht versetzt haben?«
»Ganz so war es nicht, Herr Richter! Ich habe ihm meinen Handschuh ins Gesicht geworfen und ganz vergessen, daß noch die Hand darin steckte.«

*

Gefängniswärter zum Kollegen:
»Der Maier ist letzte Nacht ausgebrochen.«
»Gott sei Dank! Das Quietschen der Feile hat mich schon ganz verrückt gemacht.«

*

Der verhaftete Falschmünzer grübelt:
»Die Zehn- und Zwanzigmarkscheine waren in Ordnung. Aber bei den Dreißigern muß ich einen Fehler gemacht haben!«

Ein betrunkener Autofahrer wird von der Polizei angehalten. Der Polizist fragt:
»Wie heißen Sie?«
»Cherowiszkykowisky.«
»Und wie schreiben Sie sich?«
»s-i-c-h.«

*

Zwei Diebe stehen vor dem Tresorraum eines großen Hotels. An der Tür steht »Eintritt verboten«.
»Was nun?« fragt der eine.
»Hm«, überlegt der andere, »wenn das blöde Schild nicht wäre, könnten wir jetzt vielleicht das größte Ding unseres Lebens drehen.«

*

»Schlimme Gegend hier«, schimpft Jack an der Bar, »der ganze Tagesverdienst ist mir gestohlen worden.«
»War es viel?« erkundigt sich Mary.
»Vierzehn Brieftaschen!«

*

Richter: »Angeklagter, erzählen Sie uns mal, wie Sie den gut gesicherten Tresor knacken konnten.«
Einbrecher: »Unmöglich, Herr Richter! Auf der Zuschauerbank sitzt meine ganze Konkurrenz.«

*

»Hat die Polizei denn den Einbrecher schon gefaßt?«
»Nein, das nicht, aber sie weiß, wo er sich rasieren läßt.«
»So, wo denn?«
»Im Gesicht!«

*

Was haben ein Polizist und ein Tausendmarkschein gemeinsam?
Wenn man einen braucht, ist keiner da!

». . . das kommt daher, daß wir sie zuviel Western sehen lassen!«

Richter: »Angeklagter, haben Sie den Einbruch so ausgeführt, wie ich es eben geschildert habe?«
»Nein, Herr Richter, aber Ihre Technik ist auch nicht schlecht!«

Zwei Polizisten finden einen Toten vor dem Gymnasium. Fragt der eine den anderen:
»Weißt du, wie ›Gymnasium‹ geschrieben wird?«
»Nein«, sagt der, »wir tragen ihn einfach vor die Post.«

*

Im Gerichtssaal:
»Warum lieferten Sie die gefundene Brieftasche nicht ab? Sie sahen doch, daß es nicht Ihre eigene war.«
»Natürlich, aber die zwanzig Hunderter kamen mir so bekannt vor.«

*

Nachts um drei Uhr torkelt ein Betrunkener durch die engen Gäßchen von Sachsenhausen und singt mit lauter Stimme:
»Guter Mond, du gehst so stihile . . .«
Ein Wachtmeister greift ihn auf und sagt:
»Herr Nachbar, nemme se sich e Beispiel am Mond.«

*

Ein total Betrunkener schwankt auf dem Parkplatz umher und tastet sämtliche Autodächer ab. Der Parkwächter fragt belustigt:
»Glauben Sie, daß Sie so Ihr Auto wiederfinden?«
»Klar«, lallt der Betrunkene, »mein Auto, hicks, hat doch Blaulicht.«

*

»Jim«, erkundigt sich die junge Ehefrau, »was ist eigentlich dein Lieblingsgericht?«
»Mein Lieblingsgericht?« knurrt Narben-Jim. »Keines! Bisher hat mich noch keines freigesprochen.«

*

Richter zur Angeklagten:
»Wie heißen Sie?«
»Anneliese Stroh.«
»Was ist ihr Vater?«
»Alles, was auf den Tisch kommt.«

Der Richter fragt den Angeklagten:
»Mit wem sind Sie verheiratet?«
Antwortet der Angeklagte:
»Mit einer Frau.«
Darauf der Richter:
»Das ist doch ganz klar, daß Sie mit einer Frau verheiratet sind.«
»Oh nein, Herr Richter! Meine Schwester zum Beispiel ist mit einem Mann verheiratet.«

*

Fragt der Richter den Angeklagten:
»Warum sind Sie damals in das Seifengeschäft eingebrochen?«
Der Angeklagte antwortet zerknirscht:
»Es ging mir damals sehr dreckig, Herr Richter.«

*

Joe und Bill werden in Texas aus dem Gefängnis entlassen. Der Pfarrer sagt zum Abschied:
»Ich wünsche euch alles Gute für die Zukunft, Jungs. Gott sei mit euch!«
»Nee, nee«, meint Joe, »wir reiten lieber allein.«

*

»Karl, weißt du schon, daß der Klaus ein Geschäft aufgemacht hat?«
»So? Womit denn?«
»Mit dem Brecheisen.«

Am Steuer

Der Polizist stoppt den sehr jungen Autofahrer:
»Darf ich mal Ihren Führerschein sehen?«
»Wieso Führerschein«, wundert sich der Jüngling, »ich denke, den bekommt man erst mit 18 Jahren?«

*

Ein Mann hört auf der Autobahn im Radio die Durchsage:
»Fahren Sie bitte vorsichtig, es kommt Ihnen ein Auto auf Ihrer Fahrbahn entgegen.«
Darauf empört sich der Mann:
»Eines? Hunderte!«

*

»Diese verflixten Fußgänger«, stöhnt Evi, »daß die auch immer mitten auf der Straße rumlaufen müssen.«
»Sei vernünftig, Liebling«, antwortet er, »und fahr endlich runter vom Bürgersteig.«

*

Zwei Autos stoßen zusammen. Steigt der eine Fahrer aus und sagt zum anderen:
»Auf den Schreck müssen wir was trinken.«
Er gibt dem anderen die Flasche, der trinkt und fragt dann:
»Warum trinken Sie nichts?«
»Ich warte bis nach der Blutprobe.«

*

Ein Junge beobachtet in Berlin, wie ein Verkehrsschutzmann den Verkehr regelt, eine halbe Stunde, eine Stunde, eineinhalb Stunden. Dem Schutzmann fällt das auf. Als er nach zwei Stunden abgelöst wird, geht er zu dem Jungen und fragt:
»Na, willst du auch einmal Schutzmann werden?«
»Nee, ick nich«, meint der Junge, »aber mein Bruder, das faule Schwein.«

»Hast du die Polizei angerufen, daß hier zwei Autos zusammengestoßen sind?«

Sohn: »Vater, meinst du, daß ich schon alt genug bin zum Autofahren?«
Vater: »Du schon, mein Sohn, aber das Auto noch nicht!«

Hänschen macht seine erste Seereise.
»Mein Schiff«, erklärt der Kapitän stolz, »macht 15 Knoten in der Stunde.«
»Enorm, enorm«, staunt Hänschen, »aber wer macht die vielen Knoten wieder auf?«

*

An der Kreuzung sind wieder einmal zwei Autos zusammengestoßen. Beide Fahrer kurbeln die Fenster herunter. Schreit der eine:
»Sie haben wohl das Autofahren per Telephon gelernt?«
Antwortet der andere:
»Genau, und Sie waren am anderen Ende der Leitung!«

*

In München erregte ein alter, zerbeulter Wagen Aufsehen. An seiner Heckscheibe hing ein Schild: Vorsicht! Sieger bei zehn Verkehrsunfällen!

*

Es fährt das 1 000 000ste Auto über die Brücke und wird von der Polizei angehalten. Der Polizist sagt:
»Gratuliere, Sie haben 1000 Mark gewonnen.«
»Fein«, antwortet der Fahrer, »ich werde mit dem Gewinn meinen Führerschein machen.«
Seine neben ihm sitzende Frau sagt:
»Glauben Sie ihm nichts, er ist total besoffen.«
Da ertönt vom Rücksitz die Stimme des schwerhörigen Opas:
»Ich habe es doch gleich gesagt, daß wir mit dem geklauten Auto nicht weit kommen.«

*

Ein Mann fragt seine Frau an der Kreuzung, ob ein Pkw kommt.
Seine Frau sagt: »Nein!«
Der Mann fährt los, da macht es »Bumm!«
Wütend schreit der Mann:
»Ich habe dich doch gefragt, ob ein Pkw kommt!«
»Aber nach einem Lkw hast du mich nicht gefragt!«

Beim Medizinmann

»Legen Sie sich einmal hier hin«, sagt der Arzt zum neuen Patienten und untersucht ihn gründlich.
»Sie sehen aber gar nicht gut aus«, stellt er nach einer Weile fest.
»Sie sind auch nicht mehr der Schönste«, kommt die mürrische Antwort.

*

Kleines Mädchen zum Apotheker:
»Wie die Salbe heißt, weiß ich nicht mehr. Ich weiß nur noch, daß sie Methylaminodimethylphenylnyrazolonapol enthält.«

*

Spät in der Nacht besucht der Arzt noch einen Patienten.
»Das werde ich Ihnen hoch anrechnen«, bedankt sich der Kranke.
»Ich Ihnen auch«, erwidert lächelnd der Arzt.

*

Der Arzt fragt den neuen Patienten:
»Was haben Sie?«
»Schlafzimmer und Küche.«
»Ich meine, was Ihnen fehlt.«
»Bad und Wohnzimmer, Herr Doktor.«

*

Ein Mann will sein Gehirn austauschen lassen und wird vom Chirurgen gefragt:
»Wollen Sie ein saarländisches Gehirn, das kostet 500 Mark, oder ein hessisches, das kostet 5000 Mark oder ein bayerisches, das kostet 20 000 Mark?«
Der Patient fragt erstaunt:
»Wieso diese großen Unterschiede?«
»Ja, finden Sie erstmal einen Bayern mit einem Gehirn«, antwortet der Arzt.

Ein Mann geht zum Arzt. Der fragt:
»Name?«
»Karl«, kommt die Antwort.
»Zuname?«
»Jede Woche ein Kilo.«

*

Zwei Patienten unterhalten sich im Wartezimmer.
»Finden Sie nicht auch, daß die Ärzte ihre Rezepte deutlicher schreiben sollten?«
»Finde ich nicht«, meint der Ältere. »Mit dem Rezept, das mir mein Arzt vor einigen Jahren mal gab, bin ich ein Jahr kostenlos ins Museum gegangen, ein Jahr mit der Eisenbahn umsonst gefahren und jetzt bekomme ich noch meine Rente darauf.«

*

Bei der Visite erwischt ein Arzt eine Krankenschwester, die einen Patienten unsanft schüttelt.
»Was machen Sie denn da?« fährt er sie an.
»Ich muß ihn aufwecken, Herr Doktor. Er hat seine Schlaftabletten noch nicht genommen.«

*

Gebückten Ganges und stöhnend kommt der zerstreute Professor nach Hause:
»Laßt sofort einen Arzt kommen, ich kann mich nicht mehr gerade aufrichten!«
Der Arzt kommt, sieht sich den gekrümmten Professor an und meint:
»In erster Linie rate ich Ihnen, den obersten Hosenknopf aus dem dritten Knopfloch Ihrer Weste zu lösen.«

*

Im Boxring kämpfen zwei Schwergewichtler. Ein Zuschauer in der ersten Reihe brüllt von Runde zu Runde:
»Schlag zu, Emil! Schlag zu!«
Sein Nachbar fragt ihn:
»Sie sind wohl ein Anhänger von Emil?«
»Nein. Aber ich bin der Zahnarzt seines Gegners.«

*»Mir hat die Spritze nicht weh getan,
aber den Vati hat es umgehauen!«*

»Machst du eigentlich noch die Abmagerungskur, die dir der Arzt verordnet hat, Eva?«
»Und ob ich sie mache, Brigitte. Ich lese noch nicht einmal mehr das Fettgedruckte in der Zeitung.«

Der Dorfarzt ist ein leidenschaftlicher Jäger. Nach der Treibjagd fragt ihn seine Frau:
»Na, wie war's?«
»Ich bin zufrieden«, murmelt der Doktor, »zwei Hasen und vier neue Patienten.«

*

Ein Mann erscheint beim Arzt:
»Herr Doktor, ich muß jeden Morgen um sieben Uhr auf die Toilette.«
»Das ist doch gut und ganz normal«, stellt der Arzt fest.
»Nun ja, aber ich wache doch immer erst um acht Uhr auf!«

*

Herr Sandmann liegt auf dem Operationstisch. Da sagt der Chefarzt:
»Schwester, bereiten Sie bitte die Instrumente vor.«
Darauf Sandmann wütend:
»Ich liege hier sterbenskrank, und Sie wollen Musik machen?«

*

»Sie haben zum Frühstück ein Drei-Minuten-Ei gegessen«, sagt der Augenarzt zu seinem Patienten.
»Stimmt«, sagt der Patient, »haben Sie das in meinen Augen gesehen?«
»Nein«, sagt der Arzt, »an Ihrer Krawatte.«

*

Eine Mutter bringt ihre Tochter, die unter starken Kopfschmerzen leidet, zum Arzt in die Sprechstunde.
»Kann das vielleicht von ihren Blähungen kommen, Herr Doktor?« fragt sie interessiert.
»Das ist schlecht möglich. Blähungen treten im Darm auf, aber sie dringen wohl kaum bis ins Gehirn vor!«
»Warum denn, die Wirbelsäule ist doch hohl, nicht wahr, Herr Doktor?«

Ganz schön irre

Der Hausherr erzählt seinen Gästen:
»Mein Hund ist gut dressiert. Wenn Sie ihm drei Mark geben, läuft er zum nächsten Automaten und zieht Ihnen Ihre Zigarettensorte.«
»Sie Angeber«, schimpft ein Gast, »neulich habe ich ihm vier Mark gegeben, und weder Hund noch Zigaretten kamen.«
»Ich sagte drei Mark«, meint der Hausherr. »Wenn Sie ihm vier Mark geben, geht er immer ins Kino.«

*

Zwei Irre wollen aus dem Heim ausbrechen, müssen aber erst 100 Mauern überklettern. Als sie 66 Mauern hinter sich haben, fragt der eine:
»Kannst du noch?«
»Ja«, sagt der andere.
Nach 99 Mauern fragt der erste wieder:
»Kannst du noch?«
»Nein«, sagt der andere.
»Dann laß uns wieder zurückgehen!«

*

Ein Irrer kommt vom Angeln und sagt zu seinem Wärter:
»Einen so großen Fang habe ich schon lange nicht mehr gemacht.«
»Aber das ist doch bloß ein alter Schuh!«
»Ja, aber Größe 48!«

*

Drei Zwerge streiten sich, wer den kleinsten Vater hatte.
Sagt der erste:
»Mein Vater konnte unter einem Tisch durchgehen.«
Sagt der zweite:
»Mein Vater konnte unter einem Stuhl durchgehen.«
Da sagt der dritte:
»Mein Vater starb, als er beim Erdbeerpflücken von der Leiter fiel.«

Hans fragt Kurt:
»Warum stehst du mit dem Schirm unter der Dusche?«
»Du kannst doof fragen! Ich will nicht naß werden.«
»Aber warum denn nicht?«
»Ich habe mein Handtuch vergessen!«

*

Nach einem heftigen Knall ruft eine ältere Dame besorgt die Polizei an.
»Beruhigen Sie sich, meine Dame, das war nur wieder mal ein Düsenjäger, der die Schallmauer durchbrochen hat«, erklärt der Beamte.
»Ja, aber warum reißt man die Mauer nicht endlich ab?«

*

»Was strickst du denn da?«
»Einen Pullover.«
»Aber warum so schnell?«
»Ich möchte fertig werden, bevor die Wolle zu Ende ist.«

*

Sagt ein Kumpel zum anderen:
»Preiserhöhungen beim Benzin stören mich nicht, ich tanke immer nur für zehn Mark!«

*

Zwei Männer besteigen einen Berg. Da fällt plötzlich einer in eine Gletscherspalte. Ruft der andere:
»Hast du dir weh getan?«
»Nein«, hört er als Antwort, »ich falle noch.«

*

Herr Spannagel kommt zum Psychiater:
»Ich träume jede Nacht in Englisch. Das halte ich bald nicht mehr aus!«
»Aber daran kann man sich doch gewöhnen«, meint der Arzt.
»An das Englisch schon, aber die deutschen Untertitel machen mich verrückt!«

Immer, wenn ein Fremder in das Dorf kommt, führen die Leute ihren Dorfdeppen vor, und zwar immer mit der gleichen Nummer: Sie halten ihm ein Fünfzig- und ein Zehnpfennigstück vor. Jedesmal greift er nach dem Zehner, weil der größer ist.
Eines Tages fragt ihn der Lehrer, warum er immer den Zehner nehme.
Da sagt der Dorfdepp:
»Meinen Sie, ich bin so dumm? Wenn ich einmal den Fünfziger nehme, versuchen sie es doch nie wieder!«

*

»Sie sitzen ja verkehrt herum im Sattel«, sagt der Reitlehrer.
»Was heißt hier: Verkehrt herum. Sie wissen ja gar nicht, wohin ich reiten will.«

*

Ein Mann fährt mit dem Taxi zu einer Telefonzelle, läßt den Fahrer warten, geht hinein, nimmt den Hörer ab, ohne Geld einzuwerfen, freut sich und lacht.
Das geht mehrere Tage so. Schließlich wird es dem Fahrer zu bunt, und er fragt:
»Was machen Sie denn da eigentlich?«
»Das ist so«, erklärt ihm der Mann, »ich nehme den Hörer ab und frage, wer ist der Schönste in der Stadt? Und dann sagt das Telefon: Du – Du – Du – Du!«

*

Verkäuferin: »Die neuen Schuhe werden in den nächsten Tagen noch etwas drücken.«
Käufer: »Macht nichts. Ich trage sie erst nächste Woche.«

*

Zwei Irre reißen aus einem Irrenhaus aus und fahren nach Afrika, damit man sie nicht wieder erwischt. Eines Morgens sieht der eine seinen Kumpel um das Zelt rennen, verfolgt von einem Löwen. Er ruft:
»Schneller, gleich hat er dich!«
Der andere winkt ab:
»Keine Angst, ich habe noch drei Runden Vorsprung!«

Familie Hering schwimmt im Meer. Da begegnet ihnen ein U-Boot. Klein Hering versteckt sich ängstlich hinter seiner Mutter. Doch die beruhigt ihn: »Das sind nur Menschen in Dosen.«

*

Herr Schulz erzählt seiner Frau am Frühstückstisch:
»Ich habe heute Nacht geträumt, daß ich in einen Nagel getreten bin.«
Darauf antwortet sie:
»Warum schläfst du auch immer barfuß.«

*

Eine Dame sitzt im Café. Da geht die Tür auf, ein Pudel tritt herein, bestellt ein Schokoladeneis und geht wieder. Sagt die verblüffte Dame zum Kellner:
»Außerordentlich, nicht wahr?«
»Ganz außerordentlich, Madame«, sagt der Kellner, »sonst kauft er immer Vanilleeis.«

*

Ein Gewitter zieht auf. Herr Schulz hastet mit dem Gartenschlauch durch seinen Garten. Verwundert fragt ihn sein Nachbar:
»Warum spritzen Sie denn noch? Es wird gleich regnen.«
»Eben! Ich muß unbedingt noch vorher fertig werden.«

*

Zwei Tomaten gehen über die Straße. Da kommt ein Auto und überfährt eine. Dreht sich die andere um und ruft: »Come on, Catchup.«

*

Nach der Operation wird der Patient vom Arzt angesprochen.
»Ich habe Ihnen zwei Mitteilungen zu machen. Eine gute und eine schlechte. Zuerst die schlechte: Wir mußten Ihnen leider den Arm abnehmen.
Und jetzt die gute Nachricht: Ihr Bettnachbar kauft Ihnen Ihre Digitaluhr ab.«

Peter ist mit seinem Vater allein zu Hause. Als die Mutter heimkommt, ruft Peter:
»Mutti, Mutti, Vater hat sich im Keller aufgehängt.«
Die Mutter rast in den Keller.
Da ruft Peter:
»Reingefallen, reingefallen, er hängt auf dem Dachboden!«

*

Fritzchen weint den ganzen Tag, weil sein Goldhamster gestorben ist. Der Vater stellt verwundert fest:
»Als Oma starb, hast du doch auch nicht geweint.«
Darauf Fritzchen:
»Die hab ich auch nicht von meinem Taschengeld gekauft.«

*

Sagt Peterchen:
»Du hast es gut, Oma. Wenn du stirbst, spielt eine große Blaskapelle bei deiner Beerdigung.«
Meint die Mutter:
»Bist du wohl still, Peter! Das sollte doch eine Überraschung für Oma sein!«

*

Kommt ein Irrer in ein Lampengeschäft und verlangt vom Verkäufer drei kaputte Glühbirnen. Fragt der Verkäufer:
»Was wollen Sie denn damit?«
Sagt der Irre:
»Ich möchte eine Dunkelkammer bauen.«

*

Frau Müller geht mit ihrem Mann zum Psychiater und erklärt dem:
»Herr Doktor, mein Mann bildet sich ein, daß er eine Parkuhr sei.«
Fragt der Arzt:
»Warum erzählt er mir das denn nicht selbst?«
Antwortet Frau Müller:
»Aber er kann doch nicht, er hat doch den ganzen Mund voller Groschen!«

»Hab dich nicht so albern – warum magst du das Wasser denn nicht trinken?«

Der Bauernhof brennt. Die Kühe müssen gerettet werden! Die Feuerwehr spritzt aus allen Rohren. Als der Einsatz beendet ist, meldet ein Feuerwehrmann seinem Chef:
»Keine Kuh verbrannt, alle zwölf ertrunken!«

Zwei Irre werden aus der Anstalt entlassen, müssen aber versprechen, gleich anzurufen, wenn einer wieder irre Sachen anstellt. Das geht eine Woche lang gut. Dann ruft der eine im Irrenhaus an und sagt:
»Mein Freund sitzt auf dem Nachttisch und bildet sich ein, er sei eine Lampe.«
»Dann schicken Sie ihn sofort her!«
»Ich denke nicht daran, dann habe ich doch kein Licht mehr!«

*

Fritzchen sagt zur Oma:
»Kann ich meinen Pfeil wiederhaben, der in deinen Garten geflogen ist?«
Fragt die Oma:
»Wo steckt er denn?«
»In deiner Katze.«

*

Ein Mann schlägt einem anderen ein Auge aus. Da droht der Geschlagene:
»Wenn du das noch einmal machst, schau ich dich nicht mehr an!«

*

Eine Kannibalin fragt ihre Nachbarin:
»Hast du meinen Mann gesehen?«
»Nein«, sagt diese.
Da ruft die Frau empört:
»Du Lügnerin, du kaust ja noch!«

*

Das fünfjährige Paulchen sieht zum erstenmal eine Liliputanerin.
»Guck mal, Mutti. Da ist eine ganz niedrige Frau.«

*

»Mama, Mama, ich habe Opa gefunden!«
»Du sollst doch nicht im Garten graben, Erwin!«

Zwei Irre spielen Mensch-ärgere-dich-nicht. Sagt auf einmal der eine:
»Schach!«
Antwortet der andere:
»Du Esel, bei Halma gibt es doch keinen Elfmeter!«

*

Ein Mann klettert an einer geöffneten Bahnschranke hoch. Brüllt der Schrankenwärter:
»Was machen Sie denn da!«
»Ich messe die Schranke aus!«
»Das hätten Sie ja sagen können, dann hätte ich die Schranke heruntergelassen.«
»Das nützt nichts. Ich brauche die Höhe, nicht die Breite!«

*

Anton und Uli wollen aus dem Irrenhaus ausbrechen. Uli schlägt vor:
»Ich mache die Taschenlampe an, und du kletterst am Strahl herunter.«
Antwortet Anton:
»Ich bin doch nicht verrückt! Wenn ich mitten am Strahl bin, machst du die Taschenlampe aus, und ich falle hinunter!«

*

Zwei Irre brechen aus der Anstalt aus. Sie kommen an ein Eisenbahngleis und beschließen, immer diesen Weg entlang zu gehen. Nach einiger Zeit bleibt der eine stehen und stöhnt:
»Ich kann nicht mehr! Die Treppen, die Treppen!«
Sagt der andere:
»Die Treppen gehen ja noch, aber das niedrige Geländer!«

*

Zwei Pferde spielen im Regen Tennis. Kommt ein Mann vorbei, stutzt und fragt dann neugierig:
»Versteh ich nicht. Im Regen Tennis spielen! Warum spielt Ihr nicht Tischtennis im trockenen Stall?«
»Komische Frage. Haben Sie schon mal ein Pferd Tischtennis spielen sehen?«

Der Förster trifft im Wald zwei Zwerge und fragt sie verwundert:
»Wer seid ihr denn?«
»Die sieben Zwerge!«
»Aber ihr seid doch nur zu zweit«, staunt er.
Darauf antwortet der Kleinere bekümmert:
»Kei Leut', kei' Leut'!«

»Schrecklich mit dem Jungen, überall, wo er hinkommt, macht er was kaputt!«

Von Grafen und Kraftprotzen

Joe geht in den Saloon und trinkt einige Biere. Als er weiterreiten will, ist sein Pferd verschwunden, und er fragt aufgebracht seine Zechgenossen:
»Wer hat mein Pferd gestohlen?«
Es meldet sich niemand.
»Wenn ihr nicht mit der Wahrheit herausrückt, geschieht dasselbe, was vor zwei Jahren in Las Vegas passiert ist«, droht Joe.
»Was war denn damals in Las Vegas?« erkundigt sich Bill.
»Da mußte ich zu Fuß nach Hause gehen«, brummt Joe.

*

»Herr Graf, brauchen Sie eine Taschenlampe?«
»Nicht nötig, Johann. Ich finde mich auch so in meiner Tasche zurecht.«

*

Klein Sammy kommt in den Saloon und fragt wütend:
»Wer hat mein Pferd grün angestrichen?«
Meldet Schläger Ed höhnisch: »Ich!«
Darauf Sammy kleinlaut:
»Ich wollte nur sagen, die Farbe ist trocken. Du kannst lackieren!«

*

Zwei Cowboys prahlen im Saloon, daß sich die Balken biegen. Erzählt der eine:
»Stell dir vor, ich war gestern bei den Niagarafällen und habe gesehen, wie ein Mann den Niagarafall hochgeschwommen ist!«
Der andere zündet sich gelassen eine Zigarette an und erwidert:
»Stimmt! Das war ich!«

Breschnew und Carter messen ihre Kräfte bei einem Autorennen. Carter gewinnt. Am nächsten Tag steht in der »Prawda«: »Das Rennen war sehr aufregend. Genosse Breschnew gelang es, einen guten zweiten Platz zu erringen.«

*

Johann meldet:
»Herr Graf, der Arzt ist da.«
Winkt Graf Bobby ab:
»Ich will ihn nicht sehen. Sagen Sie ihm, ich sei krank.«

*

»Denk dir, Bobby, an Bord eines Ozeanriesen schlich sich ein blinder Passagier ein und hat kostenlos eine Weltreise gemacht.«
»Großartig, nur schade, daß der Mann blind war.«

*

Graf Bobby bleibt im Zoo vor dem Gehege der Känguruhs stehen und fragt den Wärter:
»Was sind denn das für merkwürdige Geschöpfe?«
»Das sind die Bewohner Australiens.«
»Du lieber Schreck, meine Cousine hat mir geschrieben, daß sie einen Australier geheiratet hat«, stöhnt da Bobby.

*

»Was hast du denn, du humpelst ja?« fragt der Graf Rudi.
»Ach, ich bin vom Baum gefallen«, stöhnt Graf Bobby.
»Hoch?« fragt Graf Rudi.
»Nein, runter.«

*

Graf Bobby und sein Freund werden zu einer Schiffsfahrt eingeladen. Doch sie verspäten sich. Graf Bobby springt noch mit einem gewaltigen Satz an Bord. Der Freund jedoch steht hilflos am Ufer und kann es nicht mehr schaffen. Da ruft Bobby hilfsbereit:
»Mach doch einfach zwei Sprünge.«

Aus deutschen Landschaften frisch auf den Tisch

Ein Bayer kommt in ein Hotel und bestaunt den Fahrstuhl. Eine alte Dame drückt auf den Knopf, der Aufzug kommt, die Tür öffnet sich, und sie steigt ein.
Nach wenigen Minuten kommt der Lift wieder herunter, ein hübsches junges Mädchen steigt aus und lächelt den Bayern freundlich an.
Der murmelt nach einigem Nachdenken vor sich hin:
»Sakra, sakra, da muß meine Alte auch mal hinein.«

*

Warum sind die Betten in Ostfriesland so hart?
Weil die Ostfriesen das Seegras in ihre Tabakspfeifen stopfen.

*

Im Alpendorf rennt der kleine Sepp zum Bürgermeister:
»Die Fremden sind da!«
Sagt der Bürgermeister:
»Renn schnell zur Moosbäuerin, sie soll die Ziegen austreiben! In unserem Werbeprospekt steht, daß es bei uns Gemsen gibt!«

*

Zwei Ostfriesen unterhalten sich über das Wetter.
»Es wird Regen geben«, stellt Jan fest.
»Ja, die Starfighter fliegen so tief.«

*

Warum streuen die Ostfriesen Pfeffer auf den Fernsehapparat?
Damit das Bild schärfer wird.

Warum haben die Ostfriesen beim Fernsehen immer Spaten und Schaufel griffbereit?
Damit sie, wenn ein Kanal ausfällt, sofort einen anderen graben können.

*

Ein Ostfriese ist bei einer Tankstelle angestellt. Da kommt einer, der sein Auto überprüfen lassen will. Der Ostfriese kontrolliert und sagt:
»Bremse in Ordnung, Scheinwerfer und Scheibenwischer – alles in Ordnung. Nur der Blinker, der ist zu erneuern. Er geht immer an und aus.«

*

Warum fliegen die Möwen über Ostfriesland immer auf dem Rücken?
Weil sie das Elend da unten nicht sehen wollen.

*

Ein Ostfriese zu seinem Nachbarn:
»Jetzt habe ich endlich ein Zahlenschloß an meinem Stall. Alle Ziffern sind 5, aber ich verrate nicht, in welcher Reihenfolge.«

*

Warum haben die Ostfriesen keine U-Boote mehr?
Weil neulich in ganz Ostfriesland der »Tag der offenen Tür« gefeiert wurde.

*

Warum vergraben sich die Ostfriesen im Sand und lassen nur den nackten Po herausgucken?
Damit die Gendarmen ihre Fahrräder abstellen können.

*

Fragt ein Ostfriese seinen Freund:
»Weißt du, ob der Mond bewohnt ist?«
»Na klar, da oben brennt doch nachts immer Licht.«

Streit in einer Bayerischen Wirtschaft:
»Der Hias hat mich einen Deppen geschimpft!«
»Und du?«
»Ich wollt ihm schon die Meinung sagen, da hab ich gemerkt, daß ich mein Messer nicht dabei hab.«

*

Ein Ostfriese geht mit seiner Frau am Hochzeitstag zum erstenmal ins Kino. Die beiden verspäten sich. Im dunklen Saal kommt ihnen die Platzanweiserin mit einer Taschenlampe entgegen. Erschreckt zieht der Ostfriese seine Frau zur Seite:
»Paß auf Emma! Da kommt ein Fahrrad!«

*

Ein Preuße kommt nach Bayern und steigt im Hotel in den Fahrstuhl.
Ein Bayer sagt freundlich:
»Grüß Gott!«
Darauf der Preuße:
»So hoch fahre ich nicht!«

*

Warum nehmen die Ostfriesen, wenn sie schlafen gehen, ein Metermaß mit ins Bett?
Damit sie am Morgen messen können, wie tief sie geschlafen haben.

*

Zwei Männer sitzen im Zug. Sagt der eine:
»Soll ich Ihnen mal den neuesten Ostfriesenwitz erzählen?«
Sagt der andere Reisende böse:
»Ich bin selber Ostfriese.«
»Macht nichts, ich erzähle ihn auch ganz langsam.«

*

Warum nehmen die Ostfriesen ein Messer mit, wenn sie Tischtennis spielen?
Damit sie die Bälle besser anschneiden können.

Wie fängt ein Ostfriese eine Fliege?
Er jagt sie unter einen Schrank und sägt dessen Beine ab.

*

Ein Telegrafenarbeiter soll in Ostfriesland eine oberirdische Leitung verlegen und klettert dazu den ersten Mast hoch. Da kommt ein Ostfriese und lacht und lacht.
Der Arbeiter klettert auf den zweiten Mast, da kommen 35 Ostfriesen und lachen und lachen.
Der Arbeiter klettert den dritten Mast hoch, da kommt das ganze Dorf und lacht und lacht.
Der Arbeiter klettert runter und fragt, warum sie alle so lachen würden.
Da sagt einer von ihnen:
»Wenn du die Stromleitung so hoch spannst, laufen dir ja alle Kühe unten durch.«

*

Warum haben die ostfriesischen Feuerwehrwagen keine Leitern?
Weil die Ostfriesen genau wissen, daß der Brand auch einmal nach unten kommt.

*

Wieso nehmen die Ostfriesen Topflappen mit ins Bett?
Damit sie ihre heißen Frauen besser anfassen können.

*

Was macht ein Ostfriese, wenn bei ihm das Licht ausgeht?
Er geht ins Watt und holt sich ein paar Kilo.

*

Ein Ostfriese darf sich in einem Musikgeschäft zwei Instrumente aussuchen. Schließlich sagt er:
»Ich möchte dort die Ziehharmonika und die Trompete.«
Darauf der Verkäufer:
»Den Feuerlöscher können Sie sofort mitnehmen, aber den Heizkörper müssen wir erst abschrauben lassen.«

Warum sind in Ostfriesland die Busse 25 Meter breit und nur 3 Meter lang?
Weil alle Fahrgäste neben dem Fahrer sitzen wollen.

*

Warum hängen die Ostfriesen immer ihre Türen aus, wenn sie ins Bett gehen?
Damit niemand durchs Schlüsselloch sehen kann.

*

Wie fängt ein Ostfriese einen Hasen?
Er legt sich auf die Erde und macht das Geräusch einer wachsenden Mohrrübe nach.

»Wenn wir jetzt ein größeres Gewicht nehmen, schaukeln wir schneller!«

Ein Bayer und ein Ostfriese sitzen zusammen in einem Zugabteil. Der Bayer fängt an, Apfelkerne zu essen. Da fragt der Ostfriese:
»Wieso essen Sie denn Apfelkerne?«
Der Bayer antwortet:
»Weil Apfelkerne klüger machen.«
Der Ostfriese fragt weiter:
»Wieviel kosten denn ein paar Apfelkerne?«
Der Bayer antwortet:
»Zehn Mark.«
»Oh, dann möchte ich Ihnen für zehn Mark welche abkaufen«, antwortet der Ostfriese.
Als er ein paar Kerne gegessen hat, sagt er:
»Zehn Mark, das ist aber teuer.«
Lächelnd antwortet der Bayer:
»Sehen Sie, Sie sind schon klüger geworden.«

*

Ein Ostfriese lehnt sich gegen eine Mauer.
Die Mauer fällt um.
Warum?
Der Klügere gibt nach.

*

Was bedeutet bei den Ostfriesen ein Löffel an einer Kette um den Hals?
Zehn Jahre unfallfreies Essen.

*

Warum nehmen die Ostfriesen einen Stein und ein Streichholz mit ins Bett?
Mit dem Stein werfen sie das Licht aus, und mit dem Streichholz sehen sie nach, ob es auch wirklich ausgegangen ist.

*

Warum nehmen die ostfriesischen Polizisten immer eine Schere mit?
Damit sie den Verbrechern den Weg abschneiden können.

Sparsamkeit ist eine Tugend

Bericht aus der ›Glasgow Press‹:
»In einer Kleinstadt fuhr ein Fünfsitzer gegen einen Baum. Alle 16 Insassen mußten mit Verletzungen ins Krankenhaus eingeliefert werden.«

*

Drei junge Leute aus Dundee wetteten eines Tages um einen Schilling, wer am längsten tauchen könne.
Alle drei ertranken!

*

Fragt ein Zuschauer beim Fußball-Länderspiel seinen Nachbarn:
»Warum pfeift der Schiedsrichter nicht mit einer Pfeife, sondern auf zwei Fingern?«
»Der Mann kommt aus Schottland!«

*

Ein Schotte kommt zur Post:
»Eine Sixpence-Marke, bitte. Aber machen Sie den Preis ab, es soll ein Geschenk sein.«

*

Ein Schotte verbringt seinen Winterurlaub in Österreich. Beim Skilaufen wird er von einer Lawine überrascht. Andere Skiläufer haben das Unglück gesehen und verständigen das Rote Kreuz. Nach Stunden hat die Rettungsmannschaft endlich durch ein Rohr Sprechkontakt mit dem Schotten. Einer ruft:
»Hier ist das Rote Kreuz.«
Darauf der Schotte mit schwacher Stimme:
»Ich spende nichts.«

Ein Schotte zum Taxifahrer:
»Was kostet die Fahrt zum Hauptbahnhof?«
»Ein Pfund, mein Herr.«
»Und das Gepäck?«
»Das ist natürlich frei!«
»Gut, dann fahren Sie mal schon mit meinen drei Koffern los. Ich komme zu Fuß nach.«

*

Zwei Freunde unterhalten sich:
»McBatton ist ein Vorbild schottischer Sparsamkeit. Er frankiert seine Briefe immer erst nach dem Essen.«
»Warum?«
»Das Anlecken der Briefmarken ersetzt ihm den Nachtisch.«

*

Was tut ein Deutscher, wenn er seine Haare verliert?
Er kauf sich Haarwasser!
Was tut ein Schotte, wenn er seine Haare verliert?
Er verkauft Kamm und Bürste!

*

»Jimmy«, rief der alte McTavish seinen hoffnungsvollen Sprößling, »du kannst dir einen Shilling verdienen, wenn du den Garten umgräbst!«
»Gern, Daddy«, sagt der Sohn. »Bitte, gib mir drei Pence Vorschuß!«
»Vorschuß?« fragt der Vater entsetzt.
»Ja«, erklärte Jimmy. »Ich werde die drei Pence vergraben und dann allen Jungen erzählen, in unserem Garten sei ein Schatz versteckt. Wenn sie dann das Geldstück finden, werden sie natürlich wie die Wilden buddeln.«
»Großartig«, freut sich der Alte.
»Und außerdem«, überlegte Jimmy, »außerdem kann ich es vielleicht einrichten, daß ich die drei Pence finde.« Da weinte der Alte vor Stolz und Glück.

Zwei Schotten treffen sich auf der Straße.
»Ich muß mir einen neuen Kamm kaufen, ich habe eine Zinke verloren!«
»Deswegen brauchst du doch nicht gleich einen neuen Kamm, Verschwender!«
»Doch, es muß sein, es war nämlich die letzte Zinke!«

*

»Wollen wir nicht mal wieder ins Kino gehen?« fragt die Frau eines Schotten.
»Aber Liebsle, wir waren doch erst kürzlich«, erwidert er.
»Das schon, aber inzwischen wurde der Tonfilm erfunden.«

*

»Wenn Sie nicht endlich aufhören, diese blöden Schottenwitze zu bringen«, schreibt Mister McKenzie empört an die Londoner ›Times‹, werde ich aufhören, Ihr Blatt in der Stadtbücherei auszuleihen!«

*

Unweit von Loch Ness läutet ein Bettler an einer Haustür und jammert:
»Ich habe seit Tagen nichts mehr gegessen.«
Meint die Hausfrau:
»Das ist aber nicht gut! Sie müssen sich einfach dazu zwingen!«

*

Jim sagt zu seiner Mutter:
»Du, vor der Tür steht ein Mann, der sammelt für das neue Schwimmbad in Glasgow.«
»Dann gib ihm einen Eimer Wasser.«

NÜTZLICHE RATGEBER

Stand: Frühjahr 1989

Essen und Trinken

leine feine Bürgerliche Küche
4411) Von E. Falout, 160 S., 119 Farbfotos, appband. ●●●

ssen in Hessen
pezialitäten zwischen Schwalm und Odenwald. (0837) Von R. Witt, 120 S., 0 s/w-Zeichnungen, Pappband. ●●

Kochen für 1 Person
ationell wirtschaften, abwechslungsreich nd schmackhaft zubereiten. (0586) Von M. icolin, 104 S., 8 Farbtafeln, 23 Zeichnungen, kart. ●

chnell und individuell
ie raffinierte Single-Küche
4266) Von F. Faist, 160 S., 151 Farbfotos, appband. ●●●

Vas koche ich heute?
leue Rezepte für Fix-Gerichte. (0608) Von A. adelt-Vogt, 112 S., 16 Farbtafeln, kart. ●

rischer Fang aus Fluß und Meer **Fisch**
0964) Von L. Grieser, 64 S., 69 Farbfotos, appband. ●

dler Kern in harter Schale
leeresfrüchte
0886) Von L. Grieser, 48 S., 52 Farbfotos, appband. ●

on Tatar und falschen Hasen **Hackfleisch**
0866) Von A. und G. Eckert, 64 S., 42 Farbfotos, Pappband. ●

us eigener Küche **Gute Wurst**
0948) Von J. Bessel, G. Quaas, 80 S., 8 Farbtafeln, kart. ●

us lauter Lust und Liebe **Knoblauch**
0867) Von L. Reinirkens, 64 S., 45 Farbfotos, Pappband. ●

ochen und würzen mit **Knoblauch**
0725) Von A. und G. Eckert, 96 S., 8 Farbtafeln, kart. ●

ochen und würzen mit **Paprika**
0792) Von A. und G. Eckert, 88 S., 8 Farbtafeln, kart. ●

udelgerichte
lecker, locker, leicht zu kochen. (0466) Von . Stephan, 80 S., 8 Farbtafeln, kart. ●

asta in Höchstform **Nudeln**
0884) Von M. Kirsch, 64 S., 62 Farbfotos, appband. ●

erzhaftes für Leib und Seele **Eintöpfe**
0820) Von P. Klein, 48 S., 30 Farbfotos, appband. ●

pezialitäten unter knuspriger Decke
ufläufe
0882) Von C. Adam, 48 S., 33 Farbfotos, appband. ●

Hülle und Fülle **Pasteten und Terrinen**
0883) Von M. Kirsch, 48 S., 62 Farbfotos, appband. ●

ie Krönung der feinen Küche **Saucen**
0817) Von G. Cavestri, 48 S., 40 Farbfotos, appband. ●

Kochen in höchster Vollendung
Aus vier Elementen ist alles zusammengefügt (Theophrast). (4291) Von M. Wissing, M. Kirsch, 160 S., 230 Farbfotos, Leinen geprägt mit Schutzumschlag, im Schuber, **DM 98,–**, S 784.–, Fr 90,20

Zaubern mit der schnellen Welle
Die neue Mikrowellenküche
(4289) Von F. Faist, 208 S., 188 Farbfotos, Pappband. ●●●

Ganz und gar mit Mikrowellen
(4094) Von T. Peters, 208 S., 24 Farbfotos, 12 Zeichnungen, kart. ●●●

Schnell auf den Tisch gezaubert
Kochen mit Mikrowellen
(0818) Von A. Danner, 64 S., 52 Farbfotos, Pappband. ●

Das neue Mikrowellen-Kochbuch
(0434) Von H. Neu, 80 S., 4 Farbtafeln, 16 s/w Zeichnungen, kart. ●

Natürlich Kochen im
Mikrowellen-Römertopf
(0947) Von F. Faist, 96 S., 8 Farbt., kart. ●

Gesunde Kost aus dem Römertopf
(0442) Von J. Kramer, 128 S., 8 Farbtafeln, 13 Zeichnungen, kart. ●

Das neue Fritieren
geruchlos, schmackhaft und gesund. (0365) Von P. Kühne, 88 S., 8 Farbtafeln, kart. ●

Goldbraun und knusprig
Fritierte Leckerbissen
(0868) Von F. Faist, 64 S., 47 Farbfotos, Pappband. ●

Kochen und backen im Heißluftherd
Vorteile, Gebrauchsanleitung, Rezepte. (0516) Von K. Kölner, 72 S., 8 Farbt., kart. ●

Schnell und gut gekocht
Die tollsten Rezepte für den Schnellkochtopf. (0265) Von J. Ley, 96 S., 8 Farbtafeln, kart. ●

Pizza, Pasta und die feine italienische Küche
(4270) Von R. Rudatis, 120 S., 255 Farbfotos, Pappband. ●●

Schlemmerreise durch die
Italienische Küche
(4172) Von V. Pifferi. 160 S., 109 Farbfotos, Pappband. ●●●

Schlemmen wie bei Mamma Maria
Pizzas
(0815) Von F. Faist, 64 S., 62 Farbfotos, Pappband. ●

Schlemmerreise durch die
Französische Küche
(4296) Von H. Imhof, 160 S., 147 Farbfotos, 3 s/w-Fotos, Pappband. ●●●

Bocuse à la carte
Französisch kochen mit dem Meister. (4237) Von P. Bocuse, 88 S., 218 Farbfotos, Pappband. ●●

Videokassette
Kochschule mit Paul Bocuse
Der Meisterkoch verrät die Geheimnisse der französischen Küche
(6016) VHS, 60 Min. in Farbe, mit Begleitheft. ●●●●●*

Französische Küche
(0685) Von M. Gutta, 96 S., 16 Farbt., kart. ●

Schlemmerreise durch die
Chinesische Küche
(4184) Von K. H. Jen, 160 S., 117 Farbfotos, Pappband. ●●●

Verheißungsvoll fernöstlich
Spezialitäten aus dem Wok
(0933) Von H. K. Jen, 64 S., 56 Farbfotos, Pappband. ●

Chinesisch kochen
mit dem Wok- und Mongolentopf. (0557) Von C. Korn, 64 S., 8 Farbt., kart. ●

Mehr Freude und Erfolg beim **Grillen**
(4141) Von A. Berliner, 160 S., 147 Farbfotos, 10 farbige Zeichnungen, Pappband. ●●●

Köstliches von Rost und Spieß **Grillen**
(0931) Von A. Kalcher-Dähn, H. K. Kalcher, 64 S., 43 Farbfotos, Pappband. ●

Fondues · Raclettes · Flambiertes
(4081) Von R. Peiler und M.-L. Schult, 136 S., 15 Farbtafeln, 28 Zeichnungen, kart. ●●

Fondues
und fritierte Leckerbissen. (0471) Von S. Stein, 96 S., 8 Farbtafeln, kart. ●

Rezepte rund um Raclette und Doppeldecker
(0420) Von J. W. Hochscheid, 72 S., 8 Farbtafeln, kart. ●

Schlemmen in geselliger Runde
Fleischfondues
(0966) Von M. Spötter, 64 S., 62 Farbfotos, Pappband. ●

Fondues und Raclettes
(4253) Von F. Faist, 160 S., 125 Farbfotos, Pappband. ●●●

Neue, raffinierte Rezepte mit dem Raclette-Grill
(0558) Von L. Helger, 72 S., 8 Farbt., kart. ●

Schmelzendes Käsevergnügen **Raclette**
(0881) Von F. Faist, 48 S., 33 Farbfotos, Pappband. ●

Kulinarischer Feuerzauber **Flambieren**
(4294) Von R. Wesseler, 120 S., 100 Farbfotos, Pappband. ●●●

Das köstliche knackige Schlemmervergnügen **Salate**
(4165) Von V. Müller, 160 S., 80 Farbfotos, Pappband. ●●●

111 köstliche Salate
Erprobte Rezepte mit Pfiff. (0222) Von C. Schönherr, 96 S., 8 Farbtafeln, 30 Zeichnungen, kart. ●

ie hier vorgestellten Bücher, Videokassetten und Software sind in folgende Preisgruppen unterteilt:

Preisgruppe bis DM 10,–/S 79,–/Fr.10
● Preisgruppe über DM 10,– bis DM 20,–, S 80,– bis S 160,–, Fr. 10,– bis Fr. 18,70
●●● Preisgruppe über DM 20,– bis DM 30,–, S 161,– bis S 240,–, Fr. 18,70 bis Fr. 27,70
●●●●● Preisgruppe über DM 50,–/S 401,–/Fr.46,–
●●●● Preisgruppe über DM 30,– bis DM 50,–, S 241,– bis S 400,–, Fr. 27,70 bis Fr. 46,–
*(unverbindliche Preisempfehlung)

ie Preise entsprechen dem Status beim Druck dieses Verzeichnisses (s. Seite 1) – Änderungen, im besonderen der Preise, vorbehalten –

Falken-Verlag GmbH · Postfach 1120 FALKEN D-6272 Niedernhausen/Ts. · Tel.: 06127/7020

Frisch und leicht als Hauptgericht
Schlemmersalate
(0934) Von C. Adam, 64 S., 49 Farbfotos, Pappband. ●

Köstlich frisch auf den Tisch
Rohkostsalate
(0865) Von C. Adam, 48 S., 26 Farbfotos, Pappband. ●

Raffiniert und gesund würzen
Kräuterküche
(0869) Von A. Görgens, 48 S.,43 Farbfotos, Pappband. ●

Kräuter- und Heilpflanzen-Kochbuch
für eine gesunde Lebensweise.
(4066) Von P. Pervenche, 143 S., 15 Farbtafeln, kart. ●●

Joghurt, Quark, Käse und Butter
Schmackhaftes aus Milch hausgemacht.
(0739) Von M. Bustorf-Hirsch, 32 S., 59 Farbabb., Pappband. ●

Alles mit Joghurt
tagfrisch selbstgemacht, mit vielen Rezepten. (0382) Von G. Volz, 88 S., 8 Farbt., kart. ●

Locker, flockig, leicht...
Müsli & Co
(0965) Von C. Adam, 64 S., 42 Farbfotos, Pappband. ●

Das richtige Frühstück
Gesunde Vollwertkost vitaminreich und naturbelassen. (0784) Von C. Kratzel, R. Böll, 32 S., 28 Farbfotos, Pappband. ●

Bärenstark und kerngesund
Vollwertkost für Kinder
(0968) Von S. Reiter, 64 S., 44 Farbfotos, Pappband. ●

Gesunde Ernährung für mein Kind
(0776) Von M. Bustorf-Hirsch, 112 S., 8 Farbtafeln, 5 s/w-Zeichnungen, kart. ●

Meine Vollkornküche
Herzhaftes von echtem Schrot und Korn
(0858) Von S. Walz, 96 S., 8 Farbt., kart. ●

Die abwechslungsreiche Vollwertküche
Vitaminreich und naturbelassen kochen und backen. (4229) Von M. Bustorf-Hirsch, K. Siegel, 280 S., 31 Farbtafeln, 78 Zeichnungen, Pappband. ●●●●

Die verlockende Alternative
Süße Vollwertküche
(0936) Von A. Roßmeier, 64 S., 50 Farbfotos, Pappband. ●

Die gesunde Art, sich zu verwöhnen
Vollwertküche für Singles
(0937) Von A. Görgens, 64 S., 43 Farbfotos, Pappband. ●

Dinkel, Hirse, Roggenkorn...
Kerniges aus der Getreideküche
(0932) Von S. Frank, 64 S., 49 Farbfotos, Pappband. ●

Die feine Vollwertküche
(4286) Von M. Bustorf-Hirsch, 160 S., 83 Farbfotos, Pappband. ●●●

Mit Lust und Liebe...
Vollwertküche für Genießer
(4412) Von Prof. Dr. C. Leitzmann, H. Million, 256 S., 329 Farbfotos, Pappband. ●●●

Naturküche à la carte
(4406) Von M. Wissing, M. Kirsch, 160 S., 179 Farbfotos, Pappband. ●●●●

Biologische Ernährung
für eine natürliche und gesunde Lebensweise. (4125) Von G. Leibold, 136 S., 15 Farbtafeln, 47 Zeichnungen, kart. ●●

Vitaminreich und naturbelassen
Biologisch Kochen
(4162) Von M. Bustorf-Hirsch, K. Siegel, 144 S., 15 Farbtafeln, 31 Zeichn. kart. ●●

Gesund kochen
wasserarm · fettfrei · aromatisch. (4060) Von M. Gutta, 240 S., 16 Farbtafeln, 88 Abbildungen, Pappband. ●●●

Die feine Vegetarische Küche
(4235) Von F. Faist, 160 S., 191 Farbfotos, Pappband. ●●●

Würzig kochen ohne Salz
(0922) Von S. Roediger-Streubel, 160 S., 16 Farbtafeln, kart. ●●

Alternativ essen
Die gesunde Sojaküche.
(0553) Von U. Kolster, 112 S., 8 Farbt., kart. ●

Kochen mit Tofu
Die gesunde Alternative. (0894) Von U. Kolster, 80 S., 8 Farbtafeln, kart. ●

Gesund kochen mit Keimen und Sprossen
(0794) Von M. Bustorf-Hirsch, 96 S., 4 Farbtafeln, 13 s/w-Zeichnungen, kart. ●

Keime und Sprossen in der Naturküche
(4299) Von M. Bustorf-Hirsch, 96 S., 144 Farbfotos, Pappband. ●●

Backen mit Lust und Liebe
(4284) Von M. Schumacher, R. Krake, 242 S., 348 Farbfotos, 18 farb. Vignetten, 3 vierseitige Ausklapptafeln, Pappband. ●●●●

Tortenträume und Kuchenfantasien
Gebackene Köstlichkeiten originell dekoriert und verziert. (0823) Von F. Faist, 80 S., 150 Farbfotos, kart. ●●

Waffeln
Hörnchen, Pfannkuchen und Crêpes.
(0522) Von C. Stephan, 64 S., 8 Farbtafeln, kart. ●

Mehr Freude und Erfolg beim
Brotbacken
(4148) Von A. und G. Eckert, 160 S., 177 Farbfotos, Pappband. ●●●

Selbst Brotbacken
Über 50 erprobte Rezepte. (0370) Von A. und G. Eckert, 80 S., 4 Zeichnungen, 4 Farbtafeln, kart. ●

Biologisch Backen
Neue Rezeptideen für Kuchen, Brote, Kleingebäck aus vollem Korn. (4174) Von M. Bustorf-Hirsch, 136 S., 15 Farbtafeln, 47 Zeichnungen, kart. ●●

Meine Vollkornbackstube
Brot · Kuchen · Aufläufe. (0616) Von R. Raffelt, 96 S., 4 Farbtafeln, 12 Zeichnungen, kart. ●

Mit Körnern, Zimt und Mandelkern
Vollkorngebäck
(0816) Von M. Bustorf-Hirsch, 48 S., 39 Farbfotos, Pappband. ●

Knusprig, kernig, urgesund **Vollkornbrot**
(0938) Von S. Reiter, 64 S., 46 Farbfotos, Pappband. ●

Weihnachtsbäckerei
Köstliche Plätzchen, Stollen, Honigkuchen und Festtagstorten. (0682) Von M. Sauerborn, 32 S., 34 Farbfotos, Pappband. ●

Meine Weihnachtsbackstube
(5163) Von M. Sauerborn, 32 S., 23 Farbfotos, mit Vorlagebogen in Originalgröße, kar ●

Süße Verführungen **Desserts**
(0885) Von M. Bacher, 64 S., 75 Farbfotos, Pappband. ●

Süße Geheimnisse eiskalt gelüftet
Eis und Sorbets
(0870) Von H. W. Liebheit, 48 S., 38 Farbfotos, Pappband. ●

Zart schmelzende Versuchungen
Schokolade
(0819) Von J. Schroer, 48 S., 53 Farbfotos, Pappband. ●

Mitbringsel aus meiner Küche
selbst gemacht und liebevoll verpackt.
(0668) Von C. Schönherr, 32 S., 30 Farbfoto Pappband. ●

Marmeladen, Gelees und Konfitüren
Köstlich wie zu Omas Zeiten – einfach selbstgemacht. (0720) Von M. Gutta, 32 S., 23 Farbfotos, 1 Zeichnung, Pappband. ●

Einkochen
nach allen Regeln der Kunst. (0405) Von B. Müller, 128 S., 8 Farbtafeln, kart. ●

Einkochen, Einlegen, Einfrieren
(4055) Von B. Müller, 152 S., 27 s/w.-Abb., 16 Farbtafeln, kart. ●●

Haltbarmachen in der Öko-Küche
Gesunde Konservierungsmethoden für Obs Gemüse, Kräuter und Pilze. (0932) Von M. Bustorf-Hirsch, 120 S., 92 Farbabb., kart. ●●

Komm, koch und back mit mir
Kunterbuntes Kochvergnügen für Kinder.
(4285) Von S. und H. Theilig, illustriert von B. v. Hayek, 112 S., 45 Farbabb., Pappband. ●●

Garnieren und Verzieren
(4236) Von R. Biller, 160 S., 329 Farbfotos, 57 Zeichnungen, Pappband. ●●●

Köstlichkeiten für Gäste und Feste
Kalte Platten
(4200) Von I. Pfliegner, 160 S., 130 Farbfoto Pappband. ●●●

Fein und raffiniert
Canapés und kleine Köstlichkeiten
(0963) Von H. Imhof, 64 S., 53 Farbfotos, Pappband. ●

Der schön gedeckte Tisch
Vom einfachen Gedeck bis zur Festtafel stimmungsvoll und perfekt arrangiert.
(4246) Von H. Tapper, 112 S., 206 Farbfotos 21 s/w-Abbildungen, Pappband. ●●●

Phantasievolle Tischdekorationen selbe machen
(0984) Von Y. Thalheim, H. Nadolny, 80 S., 174 Farbfotos, 21 Zeichnungen, kart. ●●

Tischkarten dekorativ gestalten
aus allerlei Material für viele Anlässe
(0946) Von H. York, 32 S., 108 Farbfotos, Pappband. ●

Servietten dekorativ falten
Geschmackvolle Anregungen aus Stoff und Papier. (0804) Von H. Tapper, 32 S., 134 Farbfotos, Pappband. ●

Die hier vorgestellten Bücher, Videokassetten und Software sind in folgende Preisgruppen unterteilt:

● Preisgruppe bis DM 10,–/S 79,–/Fr.10
●● Preisgruppe über DM 10,– bis DM 20,– S 80,– bis S 160,– Fr. 10,– bis Fr. 18,70
●●● Preisgruppe über DM 20,– bis DM 30,– S 161,– bis S 240,– Fr. 18,70 bis Fr. 27,70
●●●● Preisgruppe über DM 30,– bis DM 50,– S 241,– bis S 400,– Fr. 27,70 bis Fr. 46,–
●●●●● Preisgruppe über DM 50,–/S 401,–/Fr.46,–
*(unverbindliche Preisempfehlung)

Die Preise entsprechen dem Status beim Druck dieses Verzeichnisses (s. Seite 1) – Änderungen, im besonderen der Preise, vorbehalten –

Falken-Verlag GmbH · Postfach 1120 FALKEN D-6272 Niedernhausen/Ts. · Tel.: 06127/7020

Tee für Genießer.
Sorten · Riten · Rezepte. (0356) Von M. Nicolin, 64 S., 4 Farbtafeln, kart. ●

Weinlexikon
Wissenswertes über die Weine der Welt. (4149) Von U. Keller, 228 S., 6 Farbtafeln, 395 s/w-Fotos, Pappband. ●●●

Weine und Säfte, Liköre und Sekt
selbstgemacht. (0702) Von P. Arauner, 232 S., 76 Abb., kart. ●●

Fruchtig, spritzig, eisgekühlt
Mixen ohne Alkohol
(0935) Von S. Späth, 64 S., 44 Farbfotos, Pappband. ●

Cocktails
(4267) Von W. R. Hoffmann, W. Hubert, U. Lottring, 160 S., 164 Farbfotos, 1 s/w-Foto, Pappband. ●●●

Cocktails und Mixereien
für häusliche Feste und Feiern. (0075) Von J. Walker, 96 S., 4 Farbtafeln, kart. ●

Neue Cocktails und Drinks
mit und ohne Alkohol. (0517) Von S. Späth, 128 S., 4 Farbtafeln, kart. ●

Die besten Punsche, Grogs und Bowlen
(0575) Von F. Dingden, 64 S., 4 Farbt., kart. ●

SLIM
Der neue, individuelle Schlankheitsplan (4277) Von Prof. Dr. E. Menden, W. Aign. 120 S., 440 Farbfotos, Pappband. ●●●

Schlank werden nach Dr. Hay **Trennkost**
Die bewährten Vollwert-Rezepte von Ursula Summ. (4298) Von U. Summ, 96 S., 54 Farbfotos, 1 Zeichnung, kart. ●●

Vitamine und Ballaststoffe
So ermittle ich meinen täglichen Bedarf (0746) Von Prof. Dr. M. Wagner, I. Bongartz, 96 S., 6 Farbfotos, zahlreiche farb. Tabellen, kart. ●

Kalorien – Joule
Eiweiß · Fett · Kohlenhydrate tabellarisch nach gebräuchlichen Mengen. (0374) Von M. Bormio, 88 S., kart. ●

Hobby und Freizeit

Falken-Handbuch
Zeichnen und Malen
(4167) Von B. Bagnall, 336 S., 1154 Farbabb., Pappband. ●●●●●

Das große farbige PLAKA-Buch
Malen und Basteln
(4402) Von H.-J. Giesecke, 192 S., 224 Farbfotos, 20 Farb- und 4 s/w-Zeichnungen, Pappband. ●●

Einmal grad und einmal krumm
Zeichenstunden für Kinder. (0599) Von H. Witzig, 144 S., 363 Abb. kart. ●

Punkt, Punkt, Komma, Strich
Zeichenstunden für Kinder. (0564) Von H. Witzig, 144 S., über 250 Zeichnungen, kart. ●

Kalligraphie
Die Kunst des schönen Schreibens (4263) Von C. Hartmann, 120 S., 44 Farbvorlagen, 29 s/w-Vorlagen, 2 s/w-Zeichnungen, 38 Farbfotos, Pappband. ●●●●

Aquarellmalerei
als Kunst und Hobby (4147) Von H. Haack, B. Wersche, 136 S., 62 Farbfotos, 119 Zeichnungen, Pappband. ●●●●

Aquarellmalerei leicht gelernt
Materialien · Techniken · Motive. (0787) Von T. Hinz, R. Braun, B. Zeidler, 32 S., 38 Farbfotos, 1 Zeichn., Pappband. ●

Hobby Aquarellmalen
Landschaft und Stilleben. (0876) Von I. Schade, A. Brück, 80 S., 111 Farbabb., kart. ●●

Videokassette
Hobby Aquarellmalen
Landschaft und Stilleben (6022) VHS, 40 Min., in Farbe, mit Begleitheft ●●●●*

Hobby Ölmalerei
Landschaft und Stilleben. (0875) Von H. Kämper, I. Becker, 80 S., 93 Farbabb., kart. ●●

Videokassette
Hobby Ölmalerei
Landschaft und Stilleben (6025) VHS, 40 Min., in Farbe, mit Begleitheft ●●●●*

Glasmalerei
als Kunst und Hobby. (4088) Von F. Krettek und S. Beeh-Lustenberger, 132 S., 182 Farbfo tos, 38 Motivvorlagen, Pappband. ●●●●

Bauernmalerei
als Kunst und Hobby. (4057) Von A. Gast, H. Stegmüller, 128 S., 239 Farbfotos, 26 Riß-Zeichnungen, Pappband. ●●●●

Hobby Bauernmalerei
(0436) Von S. Ramos und J. Roszak, 80 S., 116 Farbf. und 28 Motivvorlagen, kart. ●●

Seidenmalerei in Vollendung
(4414) Hrsg. von R. Smend, 160 S., 227 Farbfotos, 36 s/w-Fotos, geprägter Leineneinband mit Schutzumschlag, im Schuber, **DM 98,–**, S 784,–, Fr 90,20

Seidenmalerei als Kunst und Hobby
(4264) Von S. Hahn, 136 S., Farbabb., 1 s/w-Foto, Pappband. ●●●●

Hobby Seidenmalerei
(0611) Von R. Henge, 88 S., 106 Farbfotos, 28 Zeichnungen, kart. ●●

Neue zauberhafte Seidenmalerei
Motive und Anregungen aus der Natur. (0924) Von R. Henge, 80 S., 148 Farbfotos, 27 s/w-Zeichnungen, kart. ●●

Kunstvolle Seidenmalerei
Mit zauberhaften Ideen zum Nachgestalten. (0783) Von I. Demharter, 32 S., 56 Farbfotos, Pappband. ●

Zauberhafte Seidenmalerei
Materialien · Techniken · Gestaltungsvorschläge. (0664) Von E. Dorn, 32 S., 62 Farbfotos, Pappband. ●

Aquarellieren auf Seide
Materialien · Techniken · Motive. (0917) Von I. Demharter, 32 S., 41 Farbfotos, Pappband. ●

Seidenmalerei Landschaften
(5153) Von D. Kosik, 32 S., 50 Farbfotos, 12 Zeichnungen, mit Vorlagebogen in Originalgröße, kart. ●

Seidenmalerei Kissen
(5151) Von I. Demharter, 32 S., 42 Farbfotos, 2 Zeichnungen, mit Vorlagebogen in Originalgröße, kart. ●

Seidenmalerei Tücher und Schals
(5152) Von R. Henge, 32 S., 36 Farbfotos, 1 Zeichnung, mit Vorlagebogen in Originalgröße, kart. ●

Seidenmalerei Lampenschirme
(5154) Von I. Walter-Ammon, 32 S., 47 Farbfotos, 1 Zeichnung, mit Vorlagebogen in Originalgröße, kart. ●

Seidenmalerei Blüten, Blätter, Ranken
(5165) Von D. Kosik, 32 S., 35 Farbfotos, 4 Zeichnungen, mit Vorlagebogen in Originalgröße, kart. ●

Seidenmalerei Schmuckkarten und Miniaturbilder
(5166) Von I. Walter-Ammon, 32 S., 37 Farbfotos, 2 Zeichnungen, mit Vorlagebogen in Originalgröße, kart. ●

Falken-Handbuch **Häkeln**
ABC der Häkeltechniken und Häkelmuster in ausführlichen Schritt-für-Schritt-Bildfolgen. (4194) Von H. Fuchs, M. Natter, 288 S., 1073 Farbabb., Pappband. ●●●●

Das moderne Standardwerk von der Expertin
Perfekt Stricken
Mit Sonderteil Häkeln. (4250) Von H. Jaacks, 256 S., 703 Farbfotos, 169 Farb- und 121 s/w-Zeichnungen, Pappband. ●●●

Videokassette
Perfekt Stricken
Neue Techniken Schritt für Schritt vorgestellt von H. Jaacks, 51 Min., in Farbe, mit Begleitheft. ●●●●*

Falken-Handbuch **Stricken**
ABC der Stricktechniken und Strickmuster in ausführlichen Schritt-für-Schritt-Bildfolgen. (4137) Von M. Natter, 312 S., 106 Farb- und 922 s/w-Fotos, 318 Zeichnungen, Pappband. ●●●●

Hobby Patchwork und Quilten
(0768) Von B. Staub-Wachsmuth, 80 S., 108 Farbabb., 43 Zeichnungen, kart. ●●

Hobby Applikationen
Materialien · Techniken · Modelle (0899) Von H. Probst-Reinhardt, 80 S., 92 Farbfotos, 31 Zeichnungen, kart. ●●

Hobby Spitzencollagen
Bezaubernde Motive aus edlem Material. (0847) Von H. Westphal, 80 S., 186 Farbfotos, kart. ●●

Falken-Handbuch **Nähen**
Abc der Nähtechniken und kreative Modellschneiderei in ausführlichen Schritt-für-Schritt-Bildfolgen. (4272) Von A. Bree, 320 S., 1142 Abbildungen, Schnittmusterbogen für alle Modelle, Pappband. ●●●●

Kreatives Bilderweben
Materialien · Vorlagen · Motive (0814) Von A. Schulte-Huxel, 32 S., 58 Farbfotos, 8 Zeichnungen, Pappband. ●

Die schönsten Handarbeiten zum Verschenken
(4225) Von B. Wenzelburger, 128 S., 156 Farbfotos, 70 zweifarbige Zeichnungen, Pappband. ●●●●

Die hier vorgestellten Bücher, Videokassetten und Software sind in folgende Preisgruppen unterteilt:

● Preisgruppe bis DM 10,–/S 79,–/Fr.10
●● Preisgruppe über DM 10,– bis DM 20,– S 80,– bis S 160,– Fr. 10,– bis Fr. 18,70
●●● Preisgruppe über DM 20,– bis DM 30,– S 161,– bis S 240,– Fr. 18,70 bis Fr. 27,70
●●●● Preisgruppe über DM 30,– bis DM 50,– S 241,– bis S 400,– Fr. 27,70 bis Fr. 46,–
●●●●● Preisgruppe über DM 50,–/S 401,–/Fr.46,–
*(unverbindliche Preisempfehlung)

Die Preise entsprechen dem Status beim Druck dieses Verzeichnisses (s. Seite 1) – Änderungen, im besonderen der Preise, vorbehalten –

Zauberhafte alte Puppen
Sammeln · Restaurieren · Nachbilden
(4255) Von C.A. Stanton, J. Jacobs, 120 S., 157 Farbfotos, 24 Zeichnungen, Pappband. ●●●●

Hobby Puppen
Bezaubernde Modelle selbst gestalten.
(0742) Von B. Wenzelburger, 88 S., 163 Farbfotos, 41 Zeichn., 11 Schnittmuster, kart. ●●

Selbstgestrickte Puppen
Materialien und Arbeitsanleitungen.
(0638) Von B. Wehrle, 32 S., 21 Farbfotos, 24 Zeichnungen, Pappband. ●

Kuscheltiere stricken und häkeln
Arbeitsanleitungen und Modelle. (0734) Von B. Wehrle, 32 S., 60 Farbfotos, 28 Zeichnungen, Spiralbindung. ●

Phantasiepuppen stricken und häkeln
Märchenhafte Modelle mit Arbeitsanleitungen. (0813) Von B. Wehrle, 32 S., 26 Farbfotos, 46 Zeichnungen, Pappband. ●

Dekorative Rupfenpuppen
Arbeitsanleitungen und Gestaltungsvorschläge. (0733) Von B. Wenzelburger, 32 S., 57 Farbfotos, 14 Zeichnungen, Spiralbindung. ●

Teddybären
Sechs beliebte Modelle
(5159) Von Y. Thalheim, H. Nadolny, 32 S., 46 Farbfotos, 9 Zeichnungen, mit Vorlagebogen in Originalgröße, kart. ●

Heißgeliebte Teddybären
Selbermachen · Sammeln · Restaurieren.
(0900) Von H. Nadolny, Y. Thalheim, 80 S., 119 Farbfotos, 23 s/w-Zeichnungen, 14 S. Schnittmusterbogen, kart. ●●

Hobby Salzteig
(0662) Von I. Kiskalt, 80 S., 150 Farbfotos, 5 Zeichnungen, Schablonen, kart. ●●

Neue zauberhafte Salzteig-Ideen
(0719) Von I. Kiskalt, 80 S., 324 Farbfotos, 12 Zeichnungen, Schablonen, kart. ●●

Kreatives Gestalten mit Salzteig
Originelle Motive für Fortgeschrittene.
(0769) Hrsg. I. Kiskalt, 80 S., 168 Farbfotos, kart. ●●

Originell und dekorativ
Salzteig mit Naturmaterialien
(0833) Von A. und H. Wegener, 80 S., 166 Farbfotos, kart. ●●

Salzteig kinderleicht
(0973) Von I. Kiskalt, 80 S., 224 Farbfotos, 8 Zeichnungen, kart. ●●

Gestalten mit Salzteig
formen · bemalen · lackieren. (0613) Von W.-U. Cropp, 32 S., 56 Farbfotos, 17 Zeichnungen, Pappband. ●

Videokassette
Hobby Salzteig
(6010) VHS. in Farbe, 35 Min., mit Begleitheft. ●●●

Schöne Sachen modellieren
Originelles aus Cernit – ideenreich gestaltet.
(0762) Von G. Thelen, 32 S., 105 Farbfotos, Pappband. ●

Töpfern
als Kunst und Hobby. (4073) Von J. Fricke, 132 S., 37 Farbfotos, 222 s/w-Fotos, Pappband. ●●●●

Kreatives Gestalten mit Ton
Töpfern ohne Scheibe – Aufbaukeramik
(0896) Von A. Riedinger, 80 S., 207 Farbfotos, 16 Zeichnungen, 7 Vignetten, kart. ●●

Hobby Glaskunst in Tiffany-Technik
(0781) Von N. Köppel, 80 S., 194 Farbfotos, 6 s/w-Abb., kart., ●●

Tiffany-Lampen selbermachen
Arbeitsanleitung · Materialien · Modelle.
(0684) Von I. Spliethoff, 32 S., 60 Farbfotos, 19 Zeichnungen, Pappband. ●

Tiffany-Spiegel selbermachen
Materialien · Arbeitsanleitung · Vorlagen.
(0761) Von R. Thomas, 32 S., 53 Farbabb., Pappband. ●

Fensterbilder in Tiffany-Technik
(5168) Von P. Matz, 32 S., 43 Farbfotos, mit Vorlagebogen in Originalgröße, kart. ●

Tiffany-Schmuck selbermachen
Materialien · Arbeitsanleitungen · Modelle.
(0871) Von B. Poludniak, H. W. Scheib, 32 S., 55 Farbfotos, Pappband. ●

Tiffany-Technik
und andere kunstvolle Arbeiten in Glas
(0972) Von. D. Köhnen, 80 S., 176 Farbfotos, 5 s/w-Zeichnungen, kart. ●●

Tiffany-Gürtelschnallen
(5160) Von G.G. Scheib, R. Grella, 32 S., 52 Farbfotos, 1 Zeichnung, mit Vorlagebogen in Originalgröße, kart. ●

Schmuck, Accessoires und Dekoratives
aus Fimo modelliert. (0873) Von A. Aurich, 32. S., 54 Farbfotos, Pappband. ●

Modeschmuck mit Federn und Straß
(5167) Von J. Niemeier, 32 S., 41 Farbfotos, mit Vorlagebogen in Originalgröße, kart. ●

Exklusiver Modeschmuck
aus dem eigenen Atelier
(0925) Von J. Niemeier, J. Klein, 80 S., 141 Farbfotos, 25 Zeichnungen, kart. ●●

Gestalten mit Glasperlen
fädeln · sticken · weben (0640) Von A. Köhler, 32 S., 55 Farbfotos, Spiralbindung. ●

Masken
phantasievoll dekorieren
(5155) Von Chr. Familler, 32 S., 48 Farbfotos, mit Vorlagebogen in Originalgröße, kart. ●

Bastelspaß mit der Laubsäge
Mit Schnittmusterbogen für viele Modelle in Originalgröße. (0741) Von L. Giesche, M. Bausch, 32 S., 61 Farbfotos, 7 Zeichnungen, Schnittmusterbogen, Pappband. ●

Strohschmuck selbstgebastelt
Sterne, Figuren und andere Dekorationen
(0740) Von E. Rombach, 32 S., 60 Farbfotos, 17 Zeichnungen, Pappband. ●

Hobby Drachen
bauen und steigen lassen. (0767) Von W. Schimmelpfennig, 80 S., 1 dreiseitige Ausklapptafel, 55 Farbfotos, 139 Zeichnungen kart. ●●

Drachen
Einfache Modelle für Kinder
(5156) Von W. Schimmelpfennig, 32 S., 11 Farbfotos, 31 Zeichnungen, mit Vorlagebogen in Originalgröße, kart. ●

Das große farbige
Bastelbuch für Kinder
(4254) Von U. Barff, I. Burkhardt, J. Maier. 224 S., 157 Farbfotos, 430 Farb- und 60 s/w-Zeichnungen, mit Schnittmusterbogen, Pappband. ●●●

Videokassette
Basteln mit Kindern
(6041) VHS, 60 Min., in Farbe, mit Begleitheft, ●●●●*

Heut basteln wir mit Pappe und Papier
(4413) Von U. Barff, J. Maier, 224 S., 117 Farbfotos, 480 Farbzeichnungen, 25 s/w-Abbildungen, mit Schnittmusterbogen, Pappband. ●●●

Hobby Origami
Papierfalten für groß und klein.
(0756) Von Z. Aytüre-Scheele, 80 S., 820 Farbfotos, kart. ●●

Neue zauberhafte Origami-Ideen
Papierfalten für groß und klein.
(0805) Von Z. Aytüre-Scheele, 80 S., 720 Farbfotos, kart. ●●

Origami –
Die Kunst des Papierfaltens. (0280) Von R. Harbin, 112 S., 633 Zeichnungen, 9 Fotos, kart. ●

Schritt für Schritt zum Scherenschnitt
Materialien · Techniken · Gestaltungsvorschläge. (0732) Von H. Klingmüller, 32 S., 38 Farbfotos, 34 Vorlagen, Pappband. ●

Fensterbilder in Scherenschnitt
(5169) Von A. Hahn, 32 S., 52 Farbfotos, 3 s/w-Fotos, mit Vorlagebogen in Originalgröße, kart. ●

Fensterbilder aus Papier
(5158) Von E. Rüscher, 32 S., 39 Farbfotos, 5 Zeichnungen, mit Vorlagebogen in Originalgröße, kart. ●

Papierflieger
(5157) Von T. Gött, 32 S., 73 Farbfotos, 19 Zeichnungen, mit Vorlagebogen in Originalgröße, kart. ●

Schachteln basteln und dekorieren
(5170) Von Chr. Adjano, 32 S., 55 Farbfotos, mit Vorlagebogen in Originalgröße, kart. ●

Deco Art
Die Kunst, Geschenke zu verpacken
(0949) Von B. Niermann, 80 S., 78 Farbfotos 191 Zeichnungen, kart. ●●

Tischkarten dekorativ gestalten
aus allerlei Material für viele Anlässe
(0946) Von H. York, 32 S., 108 Farbfotos, Pappband. ●

Altes Brauchtum neu entdeckt
Schmuck-Eier
Kunstvoll gestalten und verzieren. (0919) Von I. Kiskalt, 32 S., 45 Farbfotos, 3 s/w-Zeichnungen, Pappband. ●

Basteln für Ostern
(5164) Von Chr. Adjano, 32 S., 47 Farbfotos, mit Vorlagebogen in Originalgröße, kart. ●

Alle Jahre wieder…
Advent und Weihnachten
Basteln, Backen, Schmücken, Singen, Vorlesen, Feiern.
(4260) Von H. und Y. Nadolny, 256 S., 105 Farbfotos, 130 Zeichn., Pappband. ●●●

Die hier vorgestellten Bücher, Videokassetten und Software sind in folgende Preisgruppen unterteilt:

● Preisgruppe bis DM 10,–/S 79,–/Fr.10
●● Preisgruppe über DM 10,– bis DM 20,– S 80,– bis S 160,– Fr. 10,– bis Fr. 18,70
●●● Preisgruppe über DM 20,– bis DM 30,– S 161,– bis S 240,– Fr. 18,70 bis Fr. 27,70
●●●● Preisgruppe über DM 30,– bis DM 50,– S 241,– bis S 400,– Fr. 27,70 bis Fr. 46,–
●●●●● Preisgruppe über DM 50,–/S 401,–/Fr.46,–
*(unverbindliche Preisempfehlung)

Die Preise entsprechen dem Status beim Druck dieses Verzeichnisses (s. Seite 1) – Änderungen, im besonderen der Preise, vorbehalten –

Basteln für Weihnachten
(5162) Von Chr. Adjano, 32 S., 44 Farbfotos, mit Vorlagebogen in Originalgröße, kart. ●

Weihnachtsbasteleien
Advents- und Weihnachtsschmuck für groß und klein
(0667) Von M. Kühnle und S. Beck, 32 S., 56 Farbfotos, 6 Zeichnungen, Pappband. ●

Feuerzeichen behaglicher Wohnkultur
Kachelöfen, Kamine und Kaminöfen
(4288) Hrsg. von C. Berninghaus. Von R. Heinen, G. Kosicek, H.P. Sabborrosch, 168 S., 291 Farbfotos, 2 s/w-Fotos, 8 Zeichnungen, Pappband. ●●●●

Garagentore selbst bemalt
Techniken und Motive.(0786) Von H. und Y. Nadolny, 32 S., 34 Farbfotos, 12 s/w-Zeichnungen, Pappband. ●

Falken Handbuch
Heimwerken
Reparieren und Selbermachen im Haus und Wohnung – über 1100 Farbfotos. Praktische Tips vom Profi: Selbermachen, Reparieren, Renovieren, Kostensparen. (4117) Von Th. Pochert, 440 S., 1103 Farbfotos, 100 ein- und zweifarbige Abb., Pappband. ●●●●

Restaurieren von Möbeln
Stilkunde, Materialien, Techniken, Arbeitsanleitungen in Bildfolgen.
(4120) Von E. Schnaus-Lorey, 152 S., 37 Farbfotos, 75 s/w-Fotos, 352 Zeichnungen, Pappband. ●●●●

Möbel aufarbeiten, reparieren und pflegen
(0386) Von E. Schnaus-Lorey, 96 S., 28 Fotos, 101 Zeichnungen, kart. ●

FALKEN-Heimwerker-Praxis
Kleinmöbel aus Holz
(0905) Von O. Maier, 128 S., 210 Farbfotos, 80 Zeichnungen, kart. ●●

FALKEN-Heimwerker-Praxis
Tapezieren
(0743) Von W. Nitschke, 112 S., 186 Farbfotos, 9 Zeichnungen, kart. ●●

FALKEN-Heimwerker-Praxis
Anstreichen und Lackieren
(0771) Von P. Müller, 120 S., 196 Farbfotos, 2 s/w-Fotos, 3 Zeichnungen, kart. ●●

FALKEN-Heimwerker-Praxis
Elektroarbeiten
(0975) Von K.H. Schubert, 120 S., 193 Farbfotos, 40 Zeichnungen, kart. ●●

FALKEN-Heimwerker-Praxis
Fahrrad-Reparaturen
(0796) Von R. van der Plas, 112 S., 140 Farbfotos, 113 farbige Zeichnungen, kart. ●●

Ikebana
Einführung in die japanische Kunst des Blumensteckens. (0548) Von G. Vocke, 152 S., 47 Farbfotos, kart. ●●

Blütenbilder aus Blumen und Blättern
Phantasievolle Naturcollagen.
(0872) Von G. Schamp, 32 S., 57 Farbfotos, 1 Zeichnung, Pappband. ●

Hobby Gewürzsträuße
und zauberhafte Gebinde nach Salzburger Art. (0726) Von A. Ott, 80 S., 101 Farbfotos, 51 farbige Zeichnunen, kart. ●●

Hobby Trockenblumen
Gewürzsträuße, Gestecke, Kränze, Buketts. (0643) Von R. Strobel-Schulze, 88 S., 170 Farbfotos, kart. ●●

Neue zauberhafte Trockenblumen-Ideen
(0821) Von R. Strobel-Schulze, 80 S., 163 Farbfotos, kart. ●●

Mit vollem Genuß
Pfeife rauchen
Alles über Tabaksorten, Pfeifen und Zubehör. (4227) Von H. Behrens, H. Frickert, 168 S., 127 Farbfotos, 18 Zeichn., Pappband. ●●●●

Pfeiferauchen leicht gemacht
Die richtige Art, Tabak zu genießen
(1026) Von O. Pollner, Ca. 112 S., ca. 120 Farbfotos, ca. 4 s/w-Abb., kart. ●●

Münzen
Ein Brevier für Sammler. (0353) Von E. Dehnke, 128 S., 4 Farbtafeln, 17 s/w-Abb., kart. ●●

Die Fazination der Philatelie
Briefmarken sammeln
(4273) Von D. Stein, 212 S., 124 s/w-Fotos, 24 Farbtafeln, Pappband. ●●●

Briefmarken
sammeln für Anfänger. (0481) Von D. Stein. 120 S., 4 Farbtafeln, 98 s/w-Abb., kart. ●

Freizeit mit dem Mikroskop
(0291) Von M. Deckart, 132 S., 8 Farbtafeln, 64 s/w-Abb., 2 Zeichnungen, kart. ●●

Astronomie im Bild
Unser Sternenhimmel rund ums Jahr
(0849) Von Dr. E. Übelacker, 88 S., 48 Farbfotos, 1 s/w-Foto, 68 Farbzeichn., kart. ●●

Astronomie als Hobby
Sternbilder und Planeten erkennen und benennen. (0572) Von D. Block, 176 S., 16 Farbtafeln, 49 s/w-Fotos, 93 Zeichnungen, kart. ●●

Moderne Fotopraxis
(4401) Von G. Koshofer, Prof. H. Wedewardt, 224 S., 363 Farbfotos, 106 s/w-Fotos, 5 Farb- und 24 s/w-Zeichnungen, Pappband. ●●●

Mach dir ein Bild
Praxistips für Foto, Film und Video
(4410) Von G. Staab, 208 S., 202 Farbfotos, 175 s/w-Fotos, 1 Zeichnung, Pappband. ●●●

So macht man bessere Fotos
Das meistverkaufte Fotobuch der Welt. (0614) Von M. L. Taylor, 192 S., 457 Farbfotos, 8 s/w-Fotos, 7 Zeichnungen, kart. ●●

Aktfotografie
Interpretationen zu einem unerschöpflichen Thema. Gestaltung · Technik · Spezialeffekte. (0737) Von H. Wedewardt, 88 S., 144 Farb- und 6 s/w-Fotos, 6 Zeichnungen, kart. ●●

Videokassette
Aktfotografie
Gestaltung, Technik, Spezialeffekte
(6001) VHS, Laufzeit 60 Min., mit Begleitheft, in Farbe. ●●●●●*

Videografieren
Filmen mit Video 8. Technik – Bildgestaltung – Schnitt – Vertonung. (0843) Von M. Wild, K. Möller, 120 S., 101 Farbfotos, 22 s/w-Fotos, 52 Zeichnungen, kart. ●●

Videokassette
Videografieren
Filmen mit Video 8. Technik – Bildgestaltung - Schnitt - Vertonung. (6031) VHS, (6033) Beta, (6034) Video 8, 60 Min., in Farbe, mit Begleitheft. ●●●●●*

Videografieren perfekt
Profitricks für Aufnahmetechnik und Nachbearbeitung
(0969) Von W. Schild, 120 S., 133 Farbabb., 4 s/w-Zeichnungen, kart. ●●●

Videokassette
Videografieren perfekt
(6042) VHS, (6043) Beta, (6044) Video 8, 60 Min., in Farbe, mit Begleitheft, ●●●●●*

Schmalfilmen
Ausrüstung · Aufnahmepraxis · Schnitt · Ton. (0342) Von U. Ney, 108 S., 4 Farbtafeln, 25 s/w-Fotos, kart. ●

Schmalfilme selbst vertonen
(0593) Von U. Ney, 96 S., 57 s/w-Fotos, 14 Zeichnungen, kart. ●

Anlagenbau in Modultechnik
für Modelleisenbahnen und Dioramen.
(0845) Von J. Thal, 104 S., 68 Farbfotos, 28 Zeichnungen, kart. ●●●

Videokassette
Die Modelleisenbahn
Anlagenbau in Modultechnik. Neue kreative Gestaltung. Neue raffinierte Techniken. (6028) VHS, 30 Min., in Farbe, ●●●●*

Kleine Welt auf Rädern
Das faszinierende Spiel mit **Modelleisenbahnen** (4175) Von F. Eisen, 256 S., 72 Farb- und 180 s/w-Fotos, 25 Zeichnungen, Pappband. ●●●

Flugmodelle
bauen und einfliegen. (0361) Von W. Thies und W. Rolf, 160 S., 63 Abb., 7 Faltpläne, kart. ●●

Die Super-Sportwagen der Welt
(4423) Von H.G. Isenberg, 194 S., 184 Farbfotos, 4 farbige Ausklapptafeln, 32 s/w-Fotos, Pappband. ●●●●

Die Super-Trucks der Welt
(4257) Von H. G. Isenberg, 194 S., 205 Farbfotos, 87 s/w-Fotos, 7 Farbzeichnungen, 4 farb. Ausklapptafeln, Pappband. ●●●●

Die Super-Motorräder der Welt
(4193) Von H. G. Isenberg, 192 S., 170 Farb- und 100 s/w-Fotos, 8 Zeichnungen, Pappband. ●●●●

Die Super-Eisenbahnen der Welt
(4287) Von W. Kosak, H. G. Isenberg, 224 S., 269 Farbfotos, 79 s/w-Fotos, 8 Vignetten, 5 farb. Ausklapptafeln, Pappband. ●●●●

Elektronik als Hobby
Von der Grundlagenschaltung zum integrierten Schaltkreis
Mit 8 wichtigen Universalplatinen
(4293) Von W. Priesterath, 264 S., 80 s/w-Fotos, 128 Zeichn., Pappband. ●●●

Die hier vorgestellten Bücher, Videokassetten und Software sind in folgende Preisgruppen unterteilt:

● Preisgruppe bis DM 10,–/S 79,–/Fr.10
●● Preisgruppe über DM 10,– bis DM 20,– S 80,– bis S 160,– Fr. 10,– bis Fr. 18,70
●●● Preisgruppe über DM 20,– bis DM 30,– S 161,– bis S 240,– Fr. 18,70 bis Fr. 27,70
●●●● Preisgruppe über DM 30,– bis DM 50,– S 241,– bis S 400,– Fr. 27,70 bis Fr. 46,–
●●●●● Preisgruppe über DM 50,–/S 401,–/Fr.46,–
*(unverbindliche Preisempfehlung)

Die Preise entsprechen dem Status beim Druck dieses Verzeichnisses (s. Seite 1) – Änderungen, im besonderen der Preise, vorbehalten –

Falken-Verlag GmbH · Postfach 1120 FALKEN D-6272 Niedernhausen/Ts. · Tel.: 06127/7020

Sport und Fitneß

Neue Lehrmethoden der Judo-Praxis
(0424) Von P. Herrmann, 223 S., 475 Abb., kart. ●●

Judo
Grundlagen - Methodik. (0305) Von M. Ohgo, 208 S., 1025 Fotos, kart. ●●

Fußwürfe
für Judo, Karate und Selbstverteidigung. (0439) Von H. Nishioka, übers. von H.J. Heese, 96 S., 260 Abb., kart. ●

Modernes Karate
Das große Standardwerk mit 2279 Abbildungen. (4280) Von T. Okazaki, Dr. med. M. V. Stricevic, übers. von M. Pabst, 376 S., 2279 s/w-Abb., Pappband. ●●●●●

Nakayamas Karate perfekt 1
Einführung. (0487) Von M. Nakayama, 136 S., 605 s/w-Fotos, kart. ●●

Nakayamas Karate perfekt 2
Grundtechniken. (0512) Von M. Nakayama, 136 S., 354 s/w-Fotos, 53 Zeichn., kart. ●●

Nakayamas Karate perfekt 3
Kumite 1: Kampfübungen. (0538) Von M. Nakayama, 128 S., 424 s/w-Fotos, kart. ●●

Nakayamas Karate perfekt 4
Kumite 2: Kampfübungen. (0547) Von M. Nakayama, 128 S., 394 s/w-Fotos, kart. ●●

Nakayamas Karate perfekt 5
Kata 1: Heian, Tekki. (0571) Von M. Nakayama, 144 S., 1229 s/w-Fotos, kart. ●●

Nakayamas Karate perfekt 6
Kata 2: Bassai-Dai, Kanku-Dai, (0600) Von M. Nakayama, 144 S., 1300 s/w-Fotos, 107 Zeichnungen, kart. ●●

Nakayamas Karate perfekt 7
Kata 3: Jitte, Hangetsu, Empi. (0618) Von M. Nakayama, 144 S., 1988 s/w-Fotos, 105 Zeichnungen, kart. ●●

Nakayamas Karate perfekt 8
Gankaku, Jion. (0650) Von M. Nakayama, 144 S., 1174 s/w-Fotos, 99 Zeichnungen, kart. ●●

Karate für alle
Karate-Selbstverteidigung in Bildern. (0314) Von A. Pflüger, 112 S., 356 s/w-Fotos, kart. ●

Fit mit **Karate**
(2308) Von A. Pflüger, 96 S., 134 Farbfotos, 4 s/w-Zeichnungen, kart. ●●

25 Shotokan-Katas
Auf einen Blick: Karate–Katas für Prüfungen und Wettkämpfe. (0859) Von A. Pflüger, 88 S., 185 s/w-Abb., 24 ganzseitige Tafeln mit über 1.600 Einzelschritten, kart. ●●

Kontakt-Karate
Ausrüstung · Technik · Training. (0396) Von A. Pflüger, 112 S., 238 s/w-Fotos, kart. ●●

Karate-Do
Das Handbuch des modernen Karate. (4028) Von A. Pflüger, 360 S., 1159 Abb., Pbd. ●●●●

Bo-Karate
Habo-Jitsu – die Techniken des Stockkampfes. (0447) Von G. Stiebler, 176 S., 424 s/w-Fotos, 38 Zeichnungen, kart. ●●

Videokassette
Karate
Einführung und Grundtechniken. (6037) VHS, 45 Min., in Farbe, mit Begleitheft. ●●●●●*

Karate 1
Einführung · Grundtechniken. (0227) Von A. Pflüger, 144 S., 195 s/w-Fotos, 120 Zeichnungen, kart. ●

Karate 2
Kombinationstechniken · Katas. (0239) Von A. Pflüger, 176 S., 452 s/w-Fotos und Zeichnungen,kart. ●

Karate Kata 1
Heian 1–5, Tekki 1, Bassai Dai. (0683) Von W.-D. Wichmann, 164 S., 703 s/w-Fotos, kart. ●●

Karate Kata 2
Jion, Empi, Kanku-Dai, Hangetsu. (0723) Von W.-D. Wichmann, 140 S., 661 s/w-Fotos, 4 Zeichnungen, kart. ●●

Der König des Kung-Fu
Bruce Lee
Sein Leben und Kampf. (0392) Von L. Lee, 136 S., 104 s/w-Fotos, kart. ●●

Bruce Lees Kampfstil 1
Grundtechniken. (0473) Von B. Lee, M. Uyehara, 109 S., 220 Abb., kart. ●

Bruce Lees Kampfstil 2
Selbstverteidigungs-Techniken. (0486) Von B. Lee, M. Uyehara, 128 S., 310 Abb., kart. ●

Bruce Lees Kampfstil 3
Trainingslehre. (0503) Von B. Lee, M. Uyehara, 112 S., 246 Abb., kart. ●

Bruce Lees Kampfstil 4
Kampftechniken. (0523) Von B. Lee, M. Uyehara, 104 S., 211 Abb., kart. ●

Kung-Fu 1
Legende · Philosophie · Grundtechniken (0891) Von Chr. Yim, 152 S., 401 s/w-Fotos, 2 s/w-Zeichnungen, kart. ●●

Kung-Fu und Tai-Chi
Grundlagen und Bewegungsabläufe. (0367) Von B. Tegner, 182 S., 370 s/w-Fotos, kart. ●●

Kung-Fu
Theorie und Praxis klassischer und moderner Stile. (0376) Von M. Pabst, 160 S., 330 Abb., kart. ●●

Bruce Lees Jeet Kune Do
(0440) Von B. Lee, 192 S., mit 105 eigenhändigen Zeichnungen von B. Lee, kart. ●●

Shaolin-Kempo – Kung-Fu
Chinesisches Karate im Drachenstil. (0395) Von R. Czerni, K. Konrad, 246 S., 723 Abb., kart. ●●

Kickboxen
Fitneßtraining und Wettkampfsport. (0795) Von G. Lemmens, 96 S., 208 s/w-Fotos, 23 Zeichnungen, kart. ●●

Ninja 1
Die Lehre der Schattenkämpfer. (0758) Von S.K. Hayes, übers. von J. Schmit, 144 S., 137 s/w-Fotos, kart. ●●

Ninja 2
Die Wege zum Shoshin (0763) Von S.K. Hayes, übers. von J. Schmit, 160 S., 309 s/w-Fotos, 2 Zeichnungen, kart. ●●

Ninja 3
Der Pfad des Togakure-Kämpfers. (0764) Von S.K. Hayes, übers. von J. Schmit, 144 S., 197 s/w-Fotos, 2 Zeichnungen, kart. ●●

Ninja 4
Das Vermächtnis der Schattenkämpfer. (0807) Von S.K. Hayes, übers. von J. Schmit, 196 S., 466 s/w-Fotos, kart. ●●

Ju-Jutsu als Wettkampf
(0826) Von G. Kulot, 168 S., 418 s/w-Fotos, 2 Zeichnungen, kart. ●●

Ju-Jutsu 1
Grundtechniken - Moderne Selbstverteidigung. (0276) Von W. Heim, F.J. Gresch, 164 S., 450 s/w-Fotos, 8 Zeichn., kart. ●

Ju-Jutsu 2
für Fortgeschrittene und Meister. (0378) Von W. Heim, F. J. Gresch, 160 S., 798 s/w-Fotos, kart. ●●

Ju-Jutsu 3
Spezial-, Gegen- und Weiterführungs-Techniken · Stockkampfkunst. (0485) Von W. Heim, F.J. Gresch, 200 S., über 600 s/w-Fotos, kart. ●●

Shuriken · Tonfa · Sai
Stockfechten und andere bewaffnete kampfsportarten aus Fernost. (0397) Von A. Schultz, 96 S., 253 s/w-Fotos, kart. ●●

Illustriertes Handbuch des Taekwondo
Koreanische Kampfkunst und Selbstverteidigung. (4053) Von K. Gil, 248 S., 1026 Abb., Pappband. ●●●

Taekwondo perfekt 1
Die Formenschule bis zum Blaugurt. (0890) Von K. Gil, Kim Chul-Hwan, 176 S., 439 s/w-Fotos, 107 Zeichnungen, kart. ●●

Taekwondo perfekt 2
Die Formenschule vom Blau- bis zum Schwarzgurt (0976) Von K. Gil, K. Chul-Hwan, 192 S., 461 s/w-Fotos, 112 Zeichnungen, kart. ●●

Taekwon-Do
Koreanischer Kampfsport. (0347) Von K. Gil, 152 S., 408 Abb., kart. ●●

Aikido
Lehren und Techniken des harmonischen Weges. (0537) Von R. Brand, 280 S., 697 Abb., kart. ●●

Hap Ki Do
Grundlagen und Techniken koreanischer Selbstverteidigung. (0379) Von Kim Sou Bong, 112 S., 153 Abb., kart. ●●

Dynamische Tritte
Grundlagen für den Zweikampf. (0438) Von C. Lee, 96 S., 398 s/w-Fotos, 10 Zeichnungen, kart. ●●

Selbstverteidigung
Abwehrtechniken für Sie und Ihn (0853) Von E. Deser, 96 S., 259 s/w-Fotos, kart. ●

Die Faszination athletischer Körper
Bodybuilding
mit Weltmeister Ralf Möller. (4281) Von R. Möller, 128 S., 169 Farbfotos, 14 s/w-Fotos, 1 Farbzeichn., Pappband. ●●●●

Die hier vorgestellten Bücher, Videokassetten und Software sind in folgende Preisgruppen unterteilt:

● Preisgruppe bis DM 10,–/S 79,–/Fr.10
●● Preisgruppe über DM 10,– bis DM 20,– S 80,– bis S 160,– Fr. 10,– bis Fr. 18,70
●●● Preisgruppe über DM 20,– bis DM 30,– S 161,– bis S 240,– Fr. 18,70 bis Fr. 27,70
●●●● Preisgruppe über DM 30,– bis DM 50,– S 241,– bis S 400,– Fr. 27,70 bis Fr. 46,–
●●●●● Preisgruppe über DM 50,–/S 401,–/Fr.46,–
*(unverbindliche Preisempfehlung)

Die Preise entsprechen dem Status beim Druck dieses Verzeichnisses (s. Seite 1) – Änderungen, im besonderen der Preise, vorbehalten –

Bodyshaping · Bodybuilding
Mit Anja Albrecht zur Idealfigur. (4405) Von A. Albrecht, 128 S., 164 Farbfotos, 4 s/w-Fotos, 1 Farb- und 1 s/w-Zeichnung, Pappband. ●●●●

Ladyfitneß
Das neue Körperbewußtsein der Frau Bodyshaping · Körperpflege · Ernährung · Entspannung
(4433) Von Prof. Dr. S. Starischka, B. Grabis, D. von Gramm, G.W. Kienitz, ca. 128 S., ca. 113 Farbfotos, Pappband. ●●●

Bodybuilding für Frauen
Wege zu Ihrer Idealfigur (0661) Von H. Schulz, 112 S., 84 s/w-Fotos, 4 Zeichnungen, kart. ●●

Bodybuilding
Anleitung zum Muskel- und Konditionstraining für sie und ihn.
(0604) Von R. Smolana, 160 S., 171 s/w-Fotos, kart. ●

Muskeltraining mit Hanteln
Leistungssteigerung für Sport und Fitness. (0676) Von H. Schulz, 104 S., 92 s/w-Fotos, 2 Zeichnungen, kart. ●

Hanteltraining zu Hause
(0800) Von W. Kieser, 80 S., 71 s/w-Fotos, 4 Zeichnungen, kart. ●

Leistungsfähiger durch Krafttraining
Eine Anleitung für Fitness-Sportler, Trainer und Athleten (0617) Von W. Kieser, 96 S., 20 s/w-Fotos, 62 Zeichnungen, kart. ●

Fit und gesund
Fitneßtraining und Bodybuilding zu Hause. Trainingsprogramme für Ihr Wohlbefinden. (0782) Von Prof. Dr. S. Starischka, 80 S., 100 Farbfotos, 3 Zeichnungen, kart. ●●

Videokassette
Fit und gesund Körpertraining und Bodybuilding für zu Hause
(6013) VHS, 30 Min., mit Begleitheft, in Farbe. ●●●●*

Optimale Ernährung
für Krafttraining und Budybuilding.
(0912) Von B. Dahmen, 88 S., 8 Farbtafeln, 3 Zeichnungen, kart. ●

Fit mit **Bio-Training**
für Kraft, Ausdauer und Schnelligkeit
(2310) Von L. Spitz, 112 S., 197 Farbfotos, 11 Farb- und 4 s/w-Zeichnungen, kart. ●●

Top-Form im Sport
Ernährungs-Training
Das Erfolgsprogramm für den Ausdauersportler. (0945) Von M. Inzinger, Dipl.-Oec. troph. G. Wagner, 160 S., 31 Farbzeichnungen, 16 Grafiken, kart. ●●

Gesund und fit durch **Konditionsübungen und Wirbelsäulengymnastik**
(0844) Von R. Milser u. K. Grafe, 104 S., 99 Farbfotos, 12 Farbzeichnungen, 5 s/w-Zeichnungen, kart. ●●

Fit mit **Tai Chi**
als sanfte Körpererfahrung (2305) Von B. u. K. Moegling, 112 S., 121 Farbfotos, 6 Farb- u. 4 s/w-Zeichnungen, kart. ●●

Isometrisches Training
Übungen für Muskelkraft und Entspannung. (0529) Von L. M. Kirsch, 140 S., 162 s/w-Fotos, kart. ●●

Stretching
Mit Dehnungsgymnastik zu Entspannung. Geschmeidigkeit und Wohlbefinden.
(0717) Von H. Schulz, 80 S., 90 s/w-Fotos, kart. ●

Fit mit **Stretching**
(2304) Von B. Kurz, 96 S., 255 Farbfotos, kart. ●●

Gesund und fit durch Gymnastik
(0366) Von H. Pilss-Samek, 132 S., 150 Abb., kart. ●

Fit und frisch
Gymnastik für die ganze Familie
(6501) Von G. Sieber, 104 S., 306 Farbfotos, 5 Farbzeichnungen, kart., mit Audiokassette, Laufzeit 30 Min., ●●●

Fit mit **Laufen**
(2315) Von W. Sonntag, 96 S., 60 Farbfotos, 8 Farbzeichnungen, kart. ●●

Spaß am Laufen
Jogging für die Gesundheit. (0470) Von W. Sonntag. 140 S., 41 s/w-Fotos, 1 Zeichnung, kart. ●

Sportschießen
für jedermann. (0502) Von A. Kovacic, 124 S., 116 s/w-Fotos, kart. ●●

Fit mit **Sportschießen**
(2312) Von H. Gabelmann, ca. 112 S., ca. 100 Farbabbildungen, kart. ●●

Fechten
Florett · Degen · Säbel. (0449) Von E. Beck, 88 S., 185 Fotos, 10 Zeichnungen, kart. ●●

Fit mit **Sportabzeichen**
(2307) Von G. Hennige, 104 S., 107 Farbfotos, kart. ●●

ZDF Sportjahr '87
Rekorde, Siege, Schicksale, Ergebnisse, Termine '88. (4290) Hrsg. von B. Heller, 192 S., 275 Farb- und 4 s/w-Fotos, kart. ●●

ZDF Sportjahr '88
Rekorde · Siege · Schicksale · Ergebnisse Mit Olympischen Spielen und Fußball–EM (4415) Hrsg. von B. Heller, 224 S., 239 Farbfotos, 1 s/w-Foto, kart. ●●●

Fit mit **Fußball**
(2309) Von H. Obermann, P. Walz, 112 S., 47 Farbfotos, 18 Farb- und 25 s/w-Zeichnungen, kart. ●●

Handball
Technik · Taktik · Regeln. (0426) Von F. und P. Hattig, 128 S., 91 s/w-Fotos, 121 Zeichnungen, kart. ●●

Volleyball
Technik · Taktik · Regeln. (0351) Von H. Huhle, 104 S., 330 Abb., kart. ●

Fit mit **Volleyball**
(2302) Von Dr. A. Scherer, 104 S., 27 Farb- und 1 s/w-Foto, 12 Farb- und 29 s/w-Zeichnungen, kart. ●●

Die neue Tennis-Praxis
Der individuelle Weg zu erfolgreichem Spiel. (4097) Von R. Schönborn, 240 S., 202 Farbzeichnungen, 31 s/w-Abb., Pappband. ●●●●

Moderne Tennistechnik
(4187) Von G. Lam, 192 S., 339 s/w-Fotos, 91 Zeichnungen, kart. ●●●

Tennis
Technik · Taktik · Regeln. (0375) Von W. u. S. Taferner, 112 S., 81 Abb., kart. ●

Erfolgreiche Tennis-Taktik
(4086) Von R. Ford Greene, übersetzt von M.R. Fischer, 182 S., 87 Abb., kart. ●●

Tischtennis-Technik
Der individuelle Weg zu erfolgreichem Spiel. (0775) Von M. Perger, 144 S., 296 Abb. kart. ●●

Badminton
Technik · Taktik · Training. (0699) Von K. Fuchs, L. Sologub, 168 S., 51 Abb., kart., ●●

Squash
Ausrüstung · Technik · Regeln. (0539) Von D. von Horn, H.-D. Stünitz, 96 S., 55 s/w-Fotos, 25 Zeichnungen, kart. ●

Fit mit **Squash**
(2311) Von P. Langhammer, R. Michna, 96 S., 86 Farbfotos, 13 Farbzeichnungen, kart. ●●

Eishockey
Lauf- und Stocktechnik, Körperspiel, Taktik, Ausrüstung und Regeln. (0414) Von J. Čapla, 264 S., 548 s/w-Fotos, 163 Zeichnungen, kart. ●●

Golf
Ausrüstung und Technik. (0343) Von J.C. Jessop, übersetzt von H. Biemer, mit einem Vorwort von H. Krings, Präsident des Deutschen Golf-Verbandes, 96 S., 57 Abb., Anhang Golfregeln des DGV, kart. ●●

Pool-Billard
(0484) Herausgegeben vom Deutschen Pool-Billard-Bund. Von M. Bach, K.-W. Kühn, 104 S., 64 Abb., kart. ●

Tanzen überall
Discofox, Rock'n Roll, Blues, Langsamer Walzer, Cha-Cha-Cha zum Selberlernen. (0760) Von H.M. Pritzer, 112 S., 128 Farbfotos, kart. ●●

Tanzstunde
Das Welttanzprogramm leicht gelernt (4409) Von G. Hädrich, 164 S., 489 s/w-Fotos, 63 Zeichnungen, Pappband. ●●●

Wir lernen tanzen
Standard- und lateinamerikanische Tänze. (0200) Von E. Fern, 168 S., 118 s/w-Fotos, 47 Zeichnungen, kart. ●

Fit mit **Tanzen**
(2303) Von K. Richter, H. Kleinow, 88 S., 94 Farbfotos, kart. ●●

Dancing
Moderne Discotänze: mit Mambo und Salsa (0977) Von B. und F. Weber, 96 S., 207 s/w-Fotos, kart. ●●

Dirty Dancing
Step by Step leicht gelernt
(0992) Von D. Glück, G. Teusen, 80 S., 140 Farbfotos, kart. ●●

So tanzt man Rock'n Roll
Grundschritte · Figuren · Akrobatik.
(0573) Von W. Steuer und G. Marz, 224 S., 303 Abb., kart. ●●

Anmutig und fit durch
Bauchtanz
(0911) Von Marta, 120 S., 229 Farbfotos, 6 s/w-Zeichnungen, kart. ●●

Sporttauchen
Theorie und Praxis des Gerätetauchens. (0647) Von S. Müßig, 144 S., 8 Farbtafeln, 35 s/w-Fotos, 89 Zeichnungen, kart. ●●

Die hier vorgestellten Bücher, Videokassetten und Software sind in folgende Preisgruppen unterteilt:

● Preisgruppe bis DM 10,–/S 79,–/Fr.10
●● Preisgruppe über DM 10,– bis DM 20,– S 80,– bis S 160,– Fr. 10,– bis Fr. 18,70
●●● Preisgruppe über DM 20,– bis DM 30,– S 161,– bis S 240,– Fr. 18,70 bis Fr. 27,70
●●●● Preisgruppe über DM 30,– bis DM 50,– S 241,– bis S 400,– Fr. 27,70 bis Fr. 46,–
●●●●● Preisgruppe über DM 50,–/S 401,–/Fr.46,–
*(unverbindliche Preisempfehlung)

Die Preise entsprechen dem Status beim Druck dieses Verzeichnisses (s. Seite 1) – Änderungen, im besonderen der Preise, vorbehalten –

Sportfischen
Fische · Geräte · Techniken. (0324) Von H. Oppel, 144 S., 49 s/w-Fotos, 8 Farbt., kart. ●

Angeln
Kleine Fibel für den Sportfischer. (0198) Von E. Bondick, 80 S., 4 Farbt., 116 Abb., kart. ●

Falken-Handbuch
Angeln
in Binnengewässern und im Meer. (4090) Von H. Oppel, 344 S., 24 Farbtafeln, 66 s/w-Fotos, 151 Zeichn., gebunden. ●●●●

Funboard-Surfen
Material · Technik · Regatten · Internationale Reviere. (4297) Von J. Evans, 144 S., 106 Farbfotos, 9 Farbzeichnungen, 68 zweifarbige und 5 s/w-Zeichnungen, kart. ●●●

Fibel für Kegelfreunde
Sport- und Freizeitkegeln · Bowling. (0191) Von G. Bocsai, 72 S., 62 Abb., kart. ●

Fit mit **Kegeln**
(2301) Von G. Gromann, 96 S., 51 Farbfotos, 50 Farb- und 4 s/w-Zeichnungen, kart. ●●

Beliebte und neue Kegelspiele
(0271) Von H. Regulski, 92 S., 62 Abb., kart. ●

111 spannende Kegelspiele
(2031) Von H. Regulski, 80 S., 53 Zeichnungen, kart. ●

Schach

Einführung in das Schachspiel
(0104) Von W. Wollenschläger und K. Colditz, 112 S., 116 Diagramme, kart. ●

Falken-Handbuch
Schach
(4051) Von T. Schuster, 360 S., über 340 Diagramme, gebunden. ●●●●

Spielend Schach lernen
(2002) Von T. Schuster, 96 S., kart. ●

Kinder- und Jugendschach
Offizielles Lehrbuch des Deutschen Schachbundes zur Erringung der Bauern-, Turm- und Königsdiplome. (0561) Von B.J. Withuis, H. Pfleger, 144 S., 220 Zeichnungen und Diagramme, kart. ●●

Zug um Zug
Schach für jedermann 1
Offizielles Lehrbuch des Deutschen Schachbundes zur Errinung des Bauerndiploms. (0648) Von H. Pfleger, E. Kurz, 80 S., 24 s/w-Fotos, 8 Zeichn., 60 Diagramme, kart. ●

FALKEN-Software
Zug um Zug
Schach für jedermann 1
(7015) Wendediskette für C 64/C 128 PC, mit Begleitheft. ●●●●*

(7005) Wendediskette für Atari ST 520/1040, mit Begleitheft. ●●●●●*

Zug um Zug
Schach für jedermann 2
Offizielles Lehrbuch des Deutschen Schachbundes zur Erringung des Turmdiploms. (0659) Von H. Pfleger, E. Kurz, 128 S., 7 s/w-Fotos, 13 Zeichnungen, 78 Diagramme, kart. ●

Zug um Zug
Schach für jedermann 3
Offizielles Lehrbuch des Deutschen Schachbundes zur Erringung des Königdiploms. (0728) Von H. Pfleger, G. Treppner, 128 S., 4 s/w-Fotos, 84 Diagramme, 10 Zeichnungen, kart. ●

Schach für Fortgeschrittene
Taktik und Probleme des Schachspiels. (0219) Von R. Teschner, 88 S., 85 Diagramme, kart. ●

Neue Schacheröffnungen
(0478) Von T. Schuster 104 S., 100 Diagramme, kart. ●

Lehr-, Übungs- und Testbuch der Schachkombinationen
(0649) Von K. Colditz, 184 S., 227 Diagramme, kart. ●●

Die hohe Schule der
Schachkombinationen
(0920) Von W. Golz, P. Keres, 272 S., 322 Diagramme, Pappband. ●●

Schwerfiguren greifen ein
(0979) Von J. Damski, 184 S., 244 Diagramme, Pappband. ●●

Offizielles Lehrbuch des Deutschen Schachbundes
Das systematische Schachtraining
Trainingsmethoden, Strategien und Kombinationen. (0857) Von Sergiu Samarian, 152 S., 159 Diagramme, 1 Zeichn., kart. ●●

Taktische Schachendspiele
(0752) Von J. Nunn, 208 S., 152 Diagramme, kart. ●●

Schachstrategie
Ein Intensivkurs mit Übungen und ausführlichen Lösungen. (0584) Von A. Koblenz, dt. Bearb. von K. Colditz, 212 S., 240 Diagramme, kart. ●●

Schachtraining mit den Großmeistern
(0670) Von H. Bouwmeester, 128 S., 90 Diagramme, kart. ●●

Die besten Partien deutscher Schachgroßmeister
(4121) Von H. Pfleger, 192 S., 29 s/w-Fotos, 89 Diagramme, Pappband. ●●●

So denkt eine Schachmeister
Strategische und taktische Analysen. (0915) Von H. Pfleger, G. Treppner, 120 S., 75 Diagramme, kart. ●●

Schach als Kampf
Meine Spiele und mein Weg. (0729) Von G. Kasparow, 144 S., 95 Diagramme, 9 s/w-Fotos, kart. ●●

Schach WM '87
Kasparow/Karpow
(0910) Von H. Pfleger, O. Borik, M. Kipp-Thomas, 136 S., 36 s/w-Fotos, 96 Diagr., kart. ●●

Helmut Pflegers
Schachkabinett
Amüsante Aufgaben – überraschende Lösungen. (0877) Von H. Pfleger, 160 S., 118 Diagramme, kart. ●●

Schach mit dem Computer
(0747) Von D. Frickenschmidt, 140 S., 112 Diagramme, 29 s/w-Fotos, 5 Zeichnungen, kart. ●●

FALKEN-Software
Das komplette Schachprogramm
Spielen, Trainieren, Problemlösen mit dem Computer. (7006) Von J. Egger, Diskette für C 64, C 128 PC, mit Begleitheft. ●●●●●*

Mensch und Gesundheit

Sexualberatung
(0402) Von Dr. M. Röhl, 168 S., 8 Farbtafeln, 17 Zeichnungen, Pappband. ●●

Der moderne Ratgeber
Wir werden Eltern
Schwangerschaft · Geburt · Erziehung des Kleinkindes. (4269) Von B. Nees-Delaval, 376 S., 335 2-farbige Abb., Pappband. ●●●●

Wenn Sie ein Kind bekommen
(4003) Von U. Klamroth, Dr. med. H. Oster, 240 S., 86 s/w-Fotos, 30 Zeichn., kart. ●●●

Wenn der Mensch zum Vater wird
Ein heiter-besinnlicher Ratgeber. (4259) Von D. Zimmer, 160 S., 20 Zeichnungen, Pappband. ●●

Vorbereitung auf die Geburt und
Schwangerschaftsgymnastik
Atmung, Rückbildungsgymnastik. (0251) Von s. Buchholz, 112, S., 98 s/w-Fotos kart. ●

Yoga für Schwangere
Der Weg zur sanften Geburt. (0777) Von V. Bolesta-Hahn, 112 S., 76 zweifarbige Abb., kart. ●●

Die Kunst des Stillens
nach neuesten Erkenntnissen (0701) Von Prof. Dr. med. E. Schmidt, S. Brunn, 112 S., 20 Fotos und Zeichnungen, kart. ●

Das Babybuch
Pflege · Ernährung · Entwicklung. (0531) Von A. Burkert, 128 S., 16 Farbtafeln, 38 s/w-Fotos, 30 Zeichnungen, kart. ●●

Wenn Kinder krank werden
Medizinischer Ratgeber für Eltern. (4240) Von Dr. med. I.J. Chasnoff, B. Nees-Delaval, 232 S., 163 Zeichn., Pbd.. ●●●

Erkennen Sie sich selbst.
Psycho-Tests
(0710) Von B.M. Nash, R.B. Monchick, übers. v. J. Schiesmann, 304 S., 81 Zeichn., kart. ●●

FALKEN-Software
Ego-Tests
Sich und andere besser erkennen und verstehen. (7012) Diskette für IBM PC kompatible (MS DOS) mit Begleitheft. ●●●●●*

Bildatlas des menschlichen Körpers
(4177) Von G. Pogliani, V. Vannini, 112 S., 402 Farbabb. 28 s/w-Fotos, Pappband. ●●●

Dr. Reitners großes Gesundheitslexikon
Mit über 5000 Stichwörtern. (4282) Von Dr. med. H.-J. Lewitzka-Reitner, in Zusammenarbeit mit P. Janknecht und U. Kannapinn, 504 S., 424 s/w-Abbildungen, Pappband. ●●

Die hier vorgestellten Bücher, Videokassetten und Software sind in folgende Preisgruppen unterteilt:

● Preisgruppe bis DM 10,–/S 79,–/Fr.10
●● Preisgruppe über DM 10,– bis DM 20,– S 80,– bis S 160,– Fr. 10,– bis Fr. 18,70
●●● Preisgruppe über DM 20,– bis DM 30,– S 161,– bis S 240,– Fr. 18,70 bis Fr. 27,70
●●●● Preisgruppe über DM 30,– bis DM 50,– S 241,– bis S 400,– Fr. 27,70 bis Fr. 46,–
●●●●● Preisgruppe über DM 50,–/S 401,–/Fr.46,–
*(unverbindliche Preisempfehlung)

Die Preise entsprechen dem Status beim Druck dieses Verzeichnisses (s. Seite 1) – Änderungen, im besonderen der Preise, vorbehalten –

Das moderne Hausbuch der Naturheilkunde
Neueste Erkenntnisse der Ganzheitsmedizin von Akupressur bis Zelltherapie
(4403) Von G. Leibold, 448 S., 263 Farbzeichn., 15 s/w-Fotos, Pappband. ●●●●●

Pillenpreise unverblümt
Rezeptfreie Medikamente: Medizinische Grundlagen · Wirkungen · Risiken · Preisübersicht
(4426) Von Dr. rer.nat. K. Mayer, 248 S., franz. Broschur. ●●●

Ratgeber Aids
Entstehung, Ansteckung, Krankheitsbilder, Heilungschancen, Schutzmaßnahmen. (0803) Von B. Baartman, Vorwort von Dr. med. H. Jäger, 112 S., 8 Farbtafeln, 4 Grafiken, kart. ●●

Nahrungsmittelallergien
So ernähren Sie sich richtig!
(0913) Von Priv-Doz.Dr.med.habil. J. von Mayenburg, Prof. Dr. med. Dr. phil. S. Borelli, E. Polster, 136 S., kart. ●●

Diabetes
Krankheitsbild, Therapie, Kontrollen, Schwangerschaft, Sport, Urlaub, Alltagsprobleme, Neueste Erkenntnisse der Diabetesforschung. (0895) Von Dr. med. H.J. Krönke, 120 S., 4 Farbtafeln, 14 s/w-Fotos, 13 s/w-Zeichnungen, kart. ●

Darmleiden
Krankheitsbilder, Behandlung, Selbstbehandlung, Richtige Lebensführung und Ernährung. (0798) Von Dr. med. K. Steffens, 112 S., 46 Zeichnungen, kart. ●

Rheuma und Gicht
Krankheitsbilder, Behandlung, Therapieverfahren, Selbstbehandlung. Richtige Lebensführung und Ernährung. (0712) Von Dr. J. Höder, J. Bandick, 104 S., kart. ●

Asthma
Pseudokrupp, Bronchitis und Lungenemphysem. (0778) Von Prof. Dr. med. W. Schmidt, 120 S., 56 Zeichnungen, kart. ●

Krampfadern
Ursachen, Vorbeugung, Selbstbehandlung, Therapieverfahren. (0727) Von Dr. med. K. Steffens, 96 S., 38 Abb., kart. ●

Gallenleiden
Krankheitsbilder, Behandlung, Therapieverfahren, Selbstbehandlung. Richtige Lebensführung und Ernährung. (0673) Von Dr. med. K. Steffens, 104 S., 34 Zeichnungen, kart. ●

Gesundheit durch altbewährte Kräuterrezepte und Hausmittel aus der
Natur-Apotheke
(4156) Von G. Leibold, 236 S., 8 Farbtafeln, 100 Zeichnungen, kart. ●●

Falken-Handbuch **Heilkräuter**
Modernes Lexikon der Pflanzen und Anwendungen (4076) Von G. Leibold, 392 S., 183 Farbfotos, 22 Zeichnungen, geb. ●●●●

Heiltees und Kräuter für die Gesundheit
(4123) Von G. Leibold, 136 S., 15 Farbtafeln, 16 Zeichnungen, kart. ●●

Aus dem Schatz der Naturmedizin
Heilkräuterkuren
(4268) Von Dr. med. E. Rauch, Dr. rer. nat. P. Kruletz, 144 S., 49 Zeichnungen, kart. ●●

Fastenkuren
Wege zur gesunden Lebensführung. Rezepte und Tips für die Nachfastenzeit. Kurzfasten · Saftfastenkuren · Fastenschalttage · Heilfasten. (4248) Von Ha. A. Mehler, H. Keppler, 144 S., 16 s/w-Fotos, 9 Zeichn., Pbd. ●●●

Massagetechniken und Heilanzeigen
Reflexzonentherapie
(4404) Von G. Leibold, 128 S., 53 Farbzeichungen, Pappband. ●●●

Kneippkuren zu Hause
(0779) Von G. Leibold, 112 S., 25 Zeichnungen, kart. ●

Massage
(0750) Von B. Rumpler, K. Schutt, 112 S., 116 zweifarbige Zeichnungen, kart. ●●

Besser sehen durch Augentraining
Ein Gesundheitsprogramm zur Verbesserung des Sehvermögens. (0914) Von K. Schutt, B. Rumpler, 96 S., 32 s/w-Zeichnungen, kart. ●

Krebsangst und Krebs behandeln
Mit einem Vorwort von Prof. Dr. med. Friedrich Douwes. (0839) Von G. Leibold, 104 S., kart. ●

Hypnose und Autosuggestion
Methoden - Heilwirkungen - praktische Beispiele. (0483) Von G. Leibold, 120 S., 9 Illustrationen, kart. ●

Akupressur zur Eigenbehandlung
(0417) Von G. Leibold, 152 S., 78 Abb., kart. ●

Enzyme
Vitalstoffe für die Gesundheit.
(0677) Von G. Leibold, 96 S., kart. ●

Fußsohlenmassage
Heilanzeigen · Technik · Selbsthilfe.
(0714) Von G. Leibold, 96 S., 38 Zeichnungen, kart. ●

Rheuma behandeln und lindern
Mit einem Vorwort von Dr. med. Max-Otto-Bruker. (0836) Von G. Leibold, 96 S., kart. ●

Heilfasten
(0713) Von G. Leibold, 96 S., kart. ●

Besser leben durch Fasten
(0841) Von G. Leibold, 96 S., kart. ●

Die echte Schroth-Kur
(0797) Von Dr. med. R. Schroth, 88 S., 2 s/w-Fotos, kart. ●

Allergien behandeln und lindern
Mit einem Vorwort von Prof. Dr. med. Axel Stemmann. (0840) Von G. Leibold, 96 S., 4 Zeichnungen, kart. ●

Sreß bewältigen durch Entspannung
(0834) Von Dr. med. Chr. Schenk, 88 S., 29 Zeichnungen, kart. ●

Autogenes-Training
Anwendung · Heilwirkungen · Methoden.
(0541) Von R. Faller, 112 S., 3 Zeichn., kart. ●

Chinesische Naturheilverfahren
Selbstbehandlung mit bewährten Methoden der physikalischen Therapie. Atemtherapie · Heilgymnastik · Selbstmassage · Vorbeugen · Behandeln · Entspannen. (4247) Von F.T. Lie, 160 S., 292 zweifarbige Zeichnungen, Pappband. ●●●

Chinesisches Schattenboxen
Tai-Ji-Quan
für geistige und körperliche Harmonie. (0850) Von F. T. Lie, 120 S., 221 s/w-Fotos, 9 s/w-Zeichnungen, Beilage: 1 s/w-Poster mit zahlreichen Abbildungen, kart. ●●

Fit mit **Tai Chi**
als sanfte Körpererfahrung
(2305) Von B. und K. Moegling, 112 S., 121 Farbfotos, 6 Farbzeichnungen, kart. ●●

Bauch, Taille und Hüfte gezielt formen durch
Aktiv-Yoga
(0709) Von K. Zebroff, 112 S., 102 Farbfotos, kart. ●●

Yoga für Jeden
(0341) Von K. Zebroff. 156 S., 135 Abb., Spiralbindung. ●●●

Yoga gegen Haltungsschäden und Rückenschmerzen
(0394) Von A. Raab, 104 S., 215 Abb., kart. ●

Chinesische Punktmassage **Akupressur**
(4419) Von F.T. Lie, 192 S., 332 zweifarbige Abb., Pappband. ●●●

Shiatsu-Massage
Hormonisierung der Energieströme im Körper. (0615) Von G. Leibold, 196 S., 180 Abb., kart. ●●

Kochen für Diabetiker
Gesund und schmackhaft für die ganze Familie. (4132) Von M. Toeller, W. Schumacher, A. C. Groote, 224 S., 109 Farbfotos, 94 Zeichnungen, Pappband. ●●●

Neue Rezepte für Diabetiker-Diät
Vollwertig - abwechslungsreich - kalorienarm. (0418) Von M. Oehlrich, 96 S., 8 Farbtafeln, kart. ●

Diät bei Störungen des Fettstoffwechsels und zur Vorbeugung der Arteriosklerose
Rezeptteil von B. Zöllner. (3208) Von Prof. Dr. med. G. Wolfram und Dr. med. O. Adam, 104 S., 4 Farbtafeln, kart. ●●

Diät bei Darmkrankheiten
Durchfall - Divertikulose, Reizdarm und Darmträgheit - einheimische Sprue (Zöllakie) - Disaccharidasemangel - Dünndarmresektion - Dumping Syndrom. Rezeptteil von B. Zöllner. (3211) Von Prof. Dr. med. G. Strohmeyer, 88 S., 4 Farbtafeln, kart. ●●

Ballaststoffreiche Kost bei Funktionsstörungen des Darms
Rezeptteil von B. Zöllner. (3212) Von Prof. Dr. med. H. Kasper, 96 S., 34 Farbfotos, 1 s/w-Fotos, kart. ●●

Diät bei Krankheiten des Magens und Zwölffingerdarms
Rezeptteil von B. Zöllner, (3201) Von Prof. Dr. med. H. Kaess, 96 S., 35 Farbfotos, 1 s/w-Zeichnung, kart. ●●

Diät bei Krankheiten der Gallenblase, Leber und Bauchspeicheldrüse
Rezeptteil von B. Zöllner. (3207) Von Prof. Dr. med. H. Kasper, 88 S., 4 Farbtafeln, kart. ●●

Diät bei Übergewicht
Rezeptteil von B. Zöllner. (3209) Von Prof. Dr. med. Ch. Keller, 104 S., 42 Farbfotos, 3 s/w-Zeichnungen, kart. ●●

Diät bei Gicht und Harnsäuresteinen
Rezeptteil von B. Zöllner. (3205) Von Prof. Dr. med. N. Zöllner, 80 S., 4 Farbtafeln, kart. ●●

Diät bei Herzkrankheiten und Bluthochdruck
Rezeptteil von B. Zöllner. (3202) Von Prof. Dr. med. H. Rottka, 92 S., 4 Farbtafeln, kart. ●●

Die hier vorgestellten Bücher, Videokassetten und Software sind in folgende Preisgruppen unterteilt:

● Preisgruppe bis DM 10,–/S 79,–/Fr.10
●● Preisgruppe über DM 10,– bis DM 20,– S 80,– bis S 160,– Fr. 10,– bis Fr. 18,70
●●● Preisgruppe über DM 20,– bis DM 30,– S 161,– bis S 240,– Fr. 18,70 bis Fr. 27,70
●●●● Preisgruppe über DM 30,– bis DM 50,– S 241,– bis S 400,– Fr. 27,70 bis Fr. 46,–
●●●●● Preisgruppe über DM 50,–/S 401,–/Fr.46,–
*(unverbindliche Preisempfehlung)

Die Preise entsprechen dem Status beim Druck dieses Verzeichnisses (s. Seite 1) – Änderungen, im besonderen der Preise, vorbehalten –

Diät bei Erkrankungen der Nieren, Harnwege und bei Dialysebehandlung
Rezeptteil von B. Zöllner. (3203) Von Prof. Dr. med. Dr. h. c. H. J. Sarre und Prof Dr. med. R. Kluthe, 96 S., 33 Farbfotos, 1 s/w-Zeichnung, kart. ●●

Richtige Ernährung wenn man älter wird
Rezeptteil von B. Zöllner. (3204) Von Prof Dr. med. H.-J. Pusch. 96 S., 36 Farbfotos und 3 s/w-Zeichnungen, kart. ●●

Diät bei Zuckerkrankheit
Rezeptteil von B. Zöllner. (3206) Von Prof. Dr. med. P. Dieterle, 112 S., 42 Farbfotos, 4 vierfarbige Vignetten, 1 s/w-Zeichnung, kart. ●●

Garten, Tiere, Umwelt

Garten heute
Der moderne Ratgeber · Über 1000 Farbbilder. (4283) Von H. Jantra, 384 S., über 1000 Farbabb., Pappband. ●●●●

Blütenpracht in Haus und Garten
Der große praktische Ratgeber mit über 1000 farbigen Abb. (4145) Von M. Haberer, u.a. 352 S., 1012 Farbfotos, Pbd. ●●●●

Die offizielle Sonderausgabe zur BUGA Frankfurt '89
Das Gartenjahr
Arbeitspläne und Pflanzenporträts (4434) Von Dr. G. Schoser, 120 S., 146 Farbfotos, 187 Zeichnungen, 13 Tabellen, kart. ●

Blütenpracht aus winterharten Blumenzwiebeln
(0772) Von H. Lass, 112 S., 120 Farbfotos und Zeichungen, kart. ●●

Erfolgstips für den Obstgarten
Gesunde Früchte durch richtige Sortenwahl und Pflege. (0827) Von F. Mühl, 184 S., 16 Farbtafeln, 33 Zeichnungen, kart. ●●

Erfolgstips für den Gemüsegarten
Mit naturgemäßem Anbau zu höherem Ertrag. (0674) Von F. Mühl, 80 S., 30 s/w-Fotos, 4 Zeichnungen, kart. ●

Mischkultur im Nutzgarten
Mit Jahreskalender und Anbauplänen. (0651) Von H. Oppel, 112 S., 8 Farbtafeln, 23 s/w-Fotos, 29 Zeichnungen, kart. ●

Mein Kräutergarten rund ums Jahr
Täglich schnittfrisch und gesund würzen. (4192) Von Prof. Dr. G. Lysek, 136 S., 15 Farbtafeln, 91 Zeichnungen, kart. ●●

Selbstversorgung aus dem eigenen Anbau
Reichen Erntesegen verwerten und haltbar machen. (4182) Von M. Bustorf-Hirsch, M. Hirsch, 216 S., 270 Zeichn., Pappband. ●●●

Der richtige Schnitt von Obst- und Ziergehölzen, Rosen und Hecken
(0619) Von E. Zettl, 88 S., 8 Farbtafeln, 39 Zeichnungen, 21 s/w-Fotos, kart. ●

Erfolgstips für den Ziergarten
Schmuckpflanzen und Rasen richtig pflegen. (0930) Von F. Mühl, 156 S., 12 Farbtafeln, 26 s/w-Zeichnungen, kart. ●●

Erfolgreich gärtnern mit
Frühbeet und Folie
(0828) Von Dr. Gustav Schoser, 88 S., 8 Farbtafeln, 46 s/w-Fotos, kart. ●

Das Bio-Gartenjahr
Arbeitsplan für naturgemäßes Gärtnern. (4169) Von N. Jorek, 128 S., 8 Farbtafeln, 70 s/w-Abb., kart. ●●

Erfolgreich gärtnern
durch naturgemäßen Anbau (4252) Von I. Gabriel, 416 S., 176 Farbfotos, 212 Farbzeichnungen, Pappband. ●●●

Leben im Naturgarten
Der Biogärtner und seine gesunde Umwelt. (4124) Von N. Jorek, 128 S., 68 s/w-Fotos, kart. ●●

Aktion Garten ohne Gift
Gesunde Umwelt durch natürlichen Pflanzenschutz
Ein Praxis-Handbuch von E. Hoplitschek u. B.M. Tegethoff. (4425) 176 S., 250 Farbfotos, 36 Farb- und 29 s/w-Zeichn., Pbd. ●●●

So wird mein Garten zum Biogarten
Alles über die Umstellung auf naturgemäßen Anbau. (0706) Von I. Gabriel, 128 S., 73 Farbfotos, 54 Farbzeichnungen, kart. ●●

Neuanlage eines Biogartens
Planung, Bodenvorbereitung, Gestaltung. (0721) Von I. Gabriel, 128 S., 73 Farbfotos, 39 Zeichnungen, kart. ●●

Gesunde Pflanzen im Biogarten
Biologische Maßnahmen bei Schädlingsbefall und Pflanzenkrankheiten. (0707) Von I. Gabriel, 128 S., 126 Farbfotos, kart. ●●

Obst und Beeren im Biogarten
Gesunde und schmackhafte Früchte durch natürlichen Anbau. (0780) Von I. Gabriel, 128 S., 109 Farbabb., kart. ●●

Gemüse im Biogarten
Gesunde Ernte durch natürlichen Anbau (0830) Von I. Gabriel, 128 S., 26 Farbfotos, 86 Farbzeichnungen, kart. ●●

Kräuter und Heilpflanzen im Biogarten
Gesunde Ernte durch natürlichen Anbau. (0929) Von I. Gabriel, 112 S., 63 Farbfotos, 19 Farbzeichnungen, kart. ●●

Der biologische Zier- und Wohngarten
Planen, Vorbereiten, Bepflanzen und Pflegen. (0748) Von I. Gabriel, 128 S., 72 Farbfotos, 46 Farbzeichnungen, kart. ●●

Kosmische Einflüsse auf unsere Gartenpflanzen
Sterne beeinflussen Wachstum und Gesundheit der Pflanzen. (0708) Von I. Gabriel, 112 S., 100 Farbabb., kart. ●●

Der Biogarten unter Glas und Folie
Ganzjährig erfolgreich ernten. (0722) Von I. Gabriel, 128 S., 107 Farbabb., kart. ●●

Speisepilze aus eigener Zucht
Anbau · Pflege · Zubereitung (0909) Von U. Groos, 72 S., 8 Farbtafeln, 16 s/w-Zeichnungen, kart. ●

Falken-Handbuch **Pilze**
Mit über 250 Farbfotos und Rezepten. (4061) Von M. Knoop, 276 S., 250 Farbfotos, Pappband. ●●●●

Blütenpracht auf Balkon und Terrasse
(0928) Von M. Haberer, 88 S., 139 Farbfotos, kart. ●●

Gemüse, Kräuter, Obst aus dem Balkongarten
- Erfolgreich ernten auf kleinstem Raum. (0694) Von S. Stein, 32 S., 34 Farbfotos, 6 Zeichnungen, Spiralbindung, kart. ●

Das offizielle BUGA-Buch
Kleingärten
Planen · Anlegen · Pflegen (1015) Von H. Jantra, 88 S., 123 Farbfotos, 1 s/w-Foto, 14 Farbzeichnungen, kart. ●●

Das offizielle BUGA-Buch
Reihenhausgärten
Planen · Anlegen · Pflegen (1016) Von H. Jantra, 104 S., 134 Farbfotos, 45 Farbzeichnungen, kart. ●●

Gartenteiche und Wasserspiele
planen, anlegen und pflegen (4083) Von H. Sikora, 31 Farb- und 31 s/w-Fotos, 73 Zeichnungen, Pappband. ●●●

Wasser im Garten
Von der Vogeltränke zum Naturteich - Natürliche Lebensräume selbst gestalten. (4230) Von H. Hendel, P. Keßeler, 240 S., 315 Farbabb., 11 s/w-Fotos, Pappband. ●●●●●

Mein kleiner Gartenteich
planen – anlegen – pflegen (0851) Von I. Polascheck, 144 S., 108 Farbabb., 6 s/w-Zeichnungen, kart. ●●

Häuser in lebendigem Grün
Fassaden und Dächer mit Pflanzen gestalten. (0846) Von U. Mehl, K. Werk, 88 S., 116 Farbfotos, 4 Farb-und 17 s/w-Zeichn., kart. ●●

Wintergärten
Das Erlebnis, mit der Natur zu wohnen. Planen, Bauen und Gestalten. (4256) Von LOG ID, 136 S., 130 Farbfotos, 107 Zeichnungen, Pappband. ●●●●

Rund ums Jahr erfolgreich gärtnern
Gewächshäuser
planen · bauen · einrichten · nutzen. (4408) Von Dr. G. Schoser, J. Wolff, 232 S., 368 Farbabb., 5 s/w-Fotos, Pappband. ●●●●●

Ziergräser
Über 100 Arten erfolgreich kultivieren. (0829) Von H. Jantra, 104 S., 73 Farbfotos, 6 Farbzeichnungen, kart. ●●

Das moderne Handbuch
Zimmerpflanzen
(4416) Von H. Jantra, 304 S., 766 Farbfotos, 64 Farb-und 19 s/w-Zeichn., Pappband. ●●●●

365 Erfolgstips für schöne Zimmerpflanzen
(0893) Von H. Jantra, 144 S., 215 Farbfotos, kart. ●●

Prof. Stelzers grüne Sprechstunde
Gesunde Zimmerpflanzen
Krankheiten erkennen und behandeln · Mit neuem Diagnosesystem. (4274) Von Prof. Dr. G. Stelzer, 192 S., 410 Farbfotos, 10 s/w-Zeichnungen, Pappband. ●●●●

Biologisch zimmergärtnern
Zier- und Nutzpflanzen natürlich pflegen. (4144) Von N. Jorek, 152 S., 15 Farbtafeln, 120 s/w-Fotos, Pappband. ●●

Videokassette
Pflanzenjournal
Blumen- und Pflanzenpflege im Jahreslauf. (6036) VHS, 30 Min., in Farbe, mit Begleitheft. ●●●●*

Die hier vorgestellten Bücher, Videokassetten und Software sind in folgende Preisgruppen unterteilt:

● Preisgruppe bis DM 10,–/S 79,–/Fr.10
●● Preisgruppe über DM 10,– bis DM 20,–/S 80,– bis S 160,–/Fr. 10,– bis Fr. 18,70
●●● Preisgruppe über DM 20,– bis DM 30,–/S 161,– bis S 240,–/Fr. 18,70 bis Fr. 27,70
●●●● Preisgruppe über DM 30,– bis DM 50,–/S 241,– bis S 400,–/Fr. 27,70 bis Fr. 46,–
●●●●● Preisgruppe über DM 50,–/S 401,–/Fr.46,–
*(unverbindliche Preisempfehlung)

Die Preise entsprechen dem Status beim Druck dieses Verzeichnisses (s. Seite 1) – Änderungen, im besonderen der Preise, vorbehalten –

ydrokultur
flanzen ohne Erde - mühelos gepflegt
944) Von H.-A. Rotter, 144 S., 167 Farb-
otos, 13 Farbzeichnungen, kart. ●●

immerpflanzen in Hydrokultur
eitfaden für problemlose Blumenpflege.
660) Von H.-A. Rotter, 32 S., 76 Farbfotos,
farbige Zeichn., Pappband. ●

onsai
apanische Miniaturbäume und Miniatur-
ndschaften. Anzucht, Gestaltung und
flege. (4091) Von B. Lesniewicz, 160 S.,
06 Farbfotos, 46 s/w-Fotos, 115 Zeichnun-
en, gebunden. ●●●●●

eime, Sprossen, Küchenkräuter
m Fenster ziehen - rund ums Jahr.
0658) Von F. und H. Jantzen, 32 S., 55 Farb-
otos, Pappband. ●

alken-Handbuch **Orchideen**
ebensraum, Kultur, Anzucht und Pflege.
4231) Von G. Schoser, 144 S., 121 Farbfotos,
8 Farbzeichnungen, Pappband. ●●●

ibel für Kakteenfreunde
0199) Von H. Herold, 102 S., 23 Farbfotos,
7 s/w-Abb., kart. ●

akteen und andere Sukkulenten
00 Arten mit über 500 Farbfotos.
116) Von G. Andersohn, 316 S., 520 Farbfo-
s, 193 Zeichnungen, Pappband. ●●●●

rzimek Juniors
UNTE TIERWELT
4295) Von Chr. Grzimek, 208 S., 308 Farb-
otos, Pappband. ●●●

alken-Handbuch **Hunde**
4118) Von H. Bielfeld, 176 S., 222 Farb- und
3 s/w-Abb., Pappband. ●●●●

as neue Hundebuch
assen · Aufzucht · Pflege.
0009) Von W. Busack, überarbeitet von Dr.
ned. vet. A. H. Hacker und H. Bielfeld, 112 S.,
Farbt., 27 s/w-Fotos, 6 Zeichn., kart. ●

ackel, Teckel, Dachshund
ufzucht · Pflege · Ausbildung.
508) Von M. Wein-Gysae, 112 S., 4 Farb-
afeln, 43 s/w-Fotos, 2 Zeichnungen, kart. ●

alken-Handbuch
er Deutsche Schäferhund
4077) Von U. Förster, 228 S., 160 Abb.,
appband.●●●

lundeausbildung
erhalten - Gehorsam - Ausbildung.
0346) Von Prof. Dr. R. Menzel, 88 S.,
9 Fotos, kart. ●

rundausbildung für Gebrauchshunde
chäferhund, Boxer, Rottweiler, Dobermann,
iesenschnauzer, Airedaleterrier, Hovawart
nd Bouvier. (0801) Von M. Schmidt und W.
och, 104 S., 8 Farbtafeln, 51 s/w-Fotos,
s/w-Zeichnungen, kart. ●

er Deutsche Schäferhund
ufzucht, Pflege und Ausbildung. (0073) Von
. Hacker, 104 S., 56 Abb., kart. ●

lles über junge Hunde
0863) Von Dr. med. vet. E.M. Bartenschla-
er, 64 S., 49 Farbfotos, 6 Zeichnungen,
art. ●

ichtige Hundeernährung
0811) Von Dr. med. vet. E.M. Bartenschlager,
0 S., 51 Farbfotos, 4 Farbzeichn., kart. ●

Hundekrankheiten
Erkennung und Behandlung, Steuerung des Sexualverhaltens. (0570) Von Dr. med.vet. R. Spangenberg, 128 S., 68 s/w- Fotos, 10 Zeichnungen, kart. ●

Falken-Handbuch **Katzen**
(4158) Von B. Gerber, 176 S., 294 Farb- und 88 s/w-Fotos, Pappband. ●●●●

Das neue Katzenbuch
Rassen · Aufzucht · Pflege. (0427) Von B. Eilert-Overbeck, 120 S., 14 Farbfotos, 26 s/w-Fotos, kart. ●

Katzenkrankheiten
Erkennung und Behandlung. Steuerung des Sexualverhaltens. (0652) Von Dr. med. vet. R. Spangenberg. 176 S., 64 s/w- Fotos, 4 Zeichnungen, kart. ●

Junge Katzen
(0862) Von Dr. med. vet. E.M. Bartenschlager, 72 S., 40 Farbf., 4 Farbzeichn., kart. ●

Falken-Handbuch **Pferde**
(4186) Von H. Werner, 176 S., 196 Farb- und 50 s/w-Fotos, 100 Zeichn., Pappband. ●●●●

Der Hobby-Imker
(0978) Von Dr. R.F.A. Moritz, 144 S., 106 zweifarbige Zeichnungen, kart. ●●

Geflügelhaltung als Hobby
(0749) Von M. Baumeister, H. Meyer, 184 S., 8 Farbtafeln, 47 s/w-Fotos, 15 Zeichnungen, kart. ●●

Vogelhäuschen, Nistkästen, Vogeltränken
mit Plänen und Anleitungen zum Selbstbau. (0695) Von J. Zech, 32 S., 42 Farbfotos, 6 Zeichnungen, Pappband. ●

Sittiche und kleine Papageien
(0864) Von Dr. med. vet. E.M. Bartenschlager, 88 S., 84 Farbfotos, 9 Zeichnungen, kart, ●

Papageien und Sittiche
Arten · Pflege · Sprechunterricht
(0591) Von H. Bielfeld, 112 S., 8 Farbtafeln, kart. ●

Falken-Handbuch **Süßwasser-Aquarium**
(4191) Von H. J. Mayland, 288 S., 564 Farbfotos, 75 Zeichnungen, Pappband. ●●●●

Das Süßwasser-Aquarium
Einrichtung · Pflege · Fische · Pflanzen
(0153) Von H. J. Mayland, 152 S., 16 Farbtafeln, 43 s/w-Zeichnungen, kart. ●●

Tiere im Wassergarten
(0808) Von Dr. med. vet. E.M. Bartenschlager, 96 S., 84 Farbf., 7 Zeichn., kart. ●

Alles über Meerschweinchen
(0809) Von Dr. med. vet. E.M. Bartenschlager, 72 S., 43 Farbf., 11 Farbzeichn., kart. ●

Alle über Igel in Natur und Haus
(0810) Von Dr. med. vet. E.M. Bartenschlager, 68 S., 51 Farbfotos, kart. ●

Falken-Handbuch **Umweltschutz**
Das Öko-Testbuch zur Eigeninitiative. (4160) Von M. Häfner, 352 S., 411 Farbf., 152 Farbzeichnungen, Pappband. ●●●●

Vom Urkrümel zum Atompilz
Evolution - Ursache und Ausweg aus der Krise. (4181) Von J. Voigt, 188 S., 20 Farb- und 70 s/w-Fotos, 32 Zeichnungen, kart. ●●

Rat und Wissen

Haushaltstips von A bis Z
(0759) Von A. Eder, 80 S., 30 Zeichn., kart. ●

Umgangsformen heute
Die Empfehlungen des Fachausschusses für Umgangsformen (4015) 252 S., 108 s/w-Fotos, 17 Zeichnungen, Pappband. ●●●

Benehmen bei Tisch
(0988) Von I. Cording, 80 S., 90 Farbfotos, 5 s/w-Zeichnungen, kart. ●●

Videokassette
Körpersprache
verstehen und deuten
(6046) VHS, 60 Min., in Farbe, mit Begleitheft. ●●●●●*

Bauernregeln, Bauernweisheiten, Bauernsprüche
(4243) Von G. Haddenbach, 192 S., 62 Farbabb. 9 s/w-Fotos, 144 s/w-Zeichnungen, Pappband. ●●●

Familienforschung · Ahnentafel · Wappenkunde
Wege zur eigenen Familienchronik. (0744) Von P. Bahn, 128 S., 8 Farbtafeln, 30 Abbildungen, kart. ●●

Wie soll es heißen?
(0211) Von D. Köhr, 136 S., kart. ●

Die Silberhochzeit
Vorbereitung · Einladung · Geschenkvorschläge · Dekoration · Festablauf · Menüs · Reden · Glückwünsche. (0542) Von K.F. Merkle, 112 S., 41 Zeichnungen, kart. ●

Wir feiern Hochzeit
Festgestaltung - phantasievoll und modern. (0943) Von H.J. Winkler, 120 S., kart. ●

Wir heiraten
Ratgeber zur Vorbereitung und Festgestaltung der Verlobung und Hochzeit. (4188) Von C. Poensgen, 216 S., 8 s/w-Fotos, 30 s/w-Zeichn., 8 Farbt., Pappband. ●●●

Von der Verlobung zur Goldenen Hochzeit
(0393) Von E. Ruge, 112 S., kart. ●

Hochzeits- und Bierzeitungen
Muster, Tips und Anregungen. (0288) Von H.-J. Winkler, mit vielen Text- und Gestaltungsanregungen, 116 S., 15 Abb., 1 Musterzeitung, kart. ●

Neues Denken - alte Geister
New Age unter der Lupe. (4278) Von G. Myrell, Dr. W. Schmandt, J. Voigt, 176 S., 54 Farbfotos, 3 Zeichnungen, kart. ●●

Moderne Korrespondenz
Handbuch für erfolgreiche Briefe. (4014) Von H. Kirst und W. Manekeller, 544 S., Pappband. ●●●●

Der richtige Brief
zu jedem Anlaß
Das moderne Handbuch mit 400 Musterbriefen
(4179) Von H. Kirst, 376 S., Pappband. ●●●

Musterbriefe
für alle Gelegenheiten. (0231) Hrsg. von O. Fuhrmann, 240 S., kart. ●

ie hier vorgestellten Bücher, Videokassetten und Software sind in folgende Preisgruppen unterteilt:

● Preisgruppe bis DM 10,–/S 79,–/Fr.10
●● Preisgruppe über DM 10,– bis DM 20,– S 80,– bis S 160,– Fr. 10,– bis Fr. 18,70
●●● Preisgruppe über DM 20,– bis DM 30,– S 161,– bis S 240,– Fr. 18,70 bis Fr. 27,70
●●●● Preisgruppe über DM 30,– bis DM 50,– S 241,– bis S 400,– Fr. 27,70 bis Fr. 46,–
●●●●● Preisgruppe über DM 50,–/S 401,–/Fr.46,–
*(unverbindliche Preisempfehlung)

ie Preise entsprechen dem Status beim Druck dieses Verzeichnisses (s. Seite 1) – Änderungen, im besonderen der Preise, vorbehalten –

Privatbriefe
Muster für alle Gelegenheiten. (0114) Von I. Wolter-Rosendorf, 112 S., kart. ●

Der neue Briefsteller
Musterbriefe für alle Gelegenheiten. (0060) Von I. Wolter-Rosendorf, 96 S., kart. ●

Erfolgstips für den Schriftverkehr
Briefgestaltung · Rechtschreibung · Zeichensetzung · Stil. (0678) Von U. Schoenwald, 112 S., kart. ●

Geschäftliche Briefe
des Privatmanns, Handwerkers, Kaufmanns. (0041) Von A. Römer, 124 S., kart.●

Behördenkorrespondenz
Musterbriefe · Anträge · Einsprüche. (0412) Von E. Ruge, 112 S., kart.●

Worte und Briefe der Anteilnahme
(0464) Von E. Ruge, 96 S., mit vielen Abb., kart. ●

Briefe zu Geburt und Taufe
Glückwünsche und Danksagungen. (0802) Von H. Beitz, 96 S., 12 Zeichnungen, kart. ●

Briefe zum Geburtstag
Glückwünsche und Danksagungen. (0822) Von H. Beitz, 104 S., 22 Zeichnungen, kart. ●

Briefe der Liebe
Anregungen für gefühlvolle und zärtliche Worte. (0903) Hrsg. von H. Beitz, 96 S., 4 Zeichnungen, kart. ●

Briefe zur Hochzeit
Glückwünsche und Danksagungen (0852) Von R. Röngen, 96 S., 1 Zeichnung, 39 Vignetten, kart. ●

Reden und Ansprachen
für jeden Anlaß. (4009) Hrsg. von F. Sicker, 454 S., gebunden. ●●●●

Die Kunst der freien Rede
Ein Intensivkurs mit vielen Übungen, Beispielen und Lösungen.
(4189) Von G. Hirsch, 232 S., 11 Zeichnungen, Pappband. ●●●

Die überzeugende Rede
Mehr Erfolg durch bessere Rhetorik. (0076) Von K. Wolter, G. Kunz, 80 S., kart. ●

Festreden und Vereinsreden
Muster für alle Gelegenheiten. (0069) Von K. Lehnhoff, E. Ruge, 96 S., kart. ●

Trinksprüche, Gästebuchverse, Richtsprüche
(0224) Von D. Kellermann, 96 S., kart. ●

Trinksprüche
Fest- und Damenreden in Reimen. (0791) Von L. Metzner, 88 S., 14 s/w-Zeichnungen, kart. ●

Glückwünsche, Toasts und Festreden zur Hochzeit
(0264) Von I. Wolter, 112 S., 18 Zeichnungen, kart. ●

Reden zur Taufe, Kommunion und Konfirmation
(0751) Von G. Georg, 96 S., kart. ●

Reden zur Hochzeit
Musteransprachen für Hochzeitstage. (0654) Von G. Georg, 112 S., kart. ●

Reden zu Familienfesten
Muteransprachen für viele Gelegenheiten. (0675) Von G. Georg, 112 S., kart. ●

Reden zum Geburtstag
Musteransprachen für familiäre und offizielle Anlässe. (0773) Von G. Georg, 96 S., kart. ●

Reden im Verein
Musteransprachen für viele Gelegenheiten. (0703) Von G. Georg, 112 S., kart. ●

Reden zum Jubiläum
Musteransprachen für viele Gelegenheiten. (0595) Von G. Georg, 112 S., kart. ●

Reden und Sprüche zu Grundsteinlegung, Richtfest und Einzug
(0598) Von A. Bruder, G. Georg, 96 S., kart. ●

Reden zum Ruhestand
Musteransprachen zum Abschluß des Berufslebens (0790) Von G. Georg, 104 S., kart. ●

Reden in Trauerfällen
Musteransprachen für Beerdigungen und Trauerfeiern (0736) Von G. Georg, 104 S., kart. ●

Neue Glückwunschfibel
für groß und klein. (0156) Von R. Christian-Hildebrandt, 96 S., 13 Vignetten, kart. ●

Großes Buch der Glückwünsche
(0255) Hrsg. von O. Fuhrmann, 176 S., 77 Zeichnungen und viele Gestaltungsvorschläge, kart. ●

Herzliche Glückwünsche!
Die schönsten Gedichte und Texte für viele Gelegenheiten. (0942) Hrsg. Von B.H. Bull, 256 S., 50 Zeichnungen, Pappband. ●●

Der Verseschmied
Kleiner Leitfaden für Hobbydichter. Mit Reimlexikon. (0597) Von T. Parisius, 96 S., 28 Zeichnungen, kart. ●

Verse fürs Poesiealbum
(0241) Von I. Wolter, 96 S., 20 Abb., kart. ●

Rosen, Tulpen, Nelken ...
Beliebte Verse fürs Poesiealbum
(0431) Von W. Pröve, 96 S., 11 Faksimile-Abb., kart. ●

Kindergedichte zur grünen, silbernen und goldenen Hochzeit
(0318) Von H.-J. Winkler, 104 S., 20 Abb., kart. ●

Glückwunschverse für Kinder
(0277) Von B. Ulrici, 80 S., kart. ●

Kindergedichte für Familienfeste
(0860) Von B.H. Bull, 96 S., 20 Zeichnungen, kart. ●

Ins Gästebuch geschrieben
(0576) Von K.H. Trabeck, 96 S., 24 Zeichnungen, kart. ●

Komm mit ins Land der Lieder
Das große Buch der Kinder-, Volks- und Chorlieder. (4261) Hrsg. Von H. Rauhe, 176 S., 146 Farbzeichn., Pappband. ●●●

Die schönsten Wander- und Fahrtenlieder
(0462) Hrsg. Von F.R. Miller, empfohlen vom Deutschen Sängerbund, 80 S., mit Noten und Zeichnungen, kart. ●

Die schönsten Volkslieder
(0432) Hrsg. Von D. Walther, 128 S., mit Noten und Zeichnungen, kart. ●

Erziehungsgeld, Mutterschutz, Erziehungsurlaub
Alles über das neue Recht für Eltern. Mit den Gesetzestexten. (0835) Von J. Grönert, 144 S., kart. ●●

Scheidung und Unterhalt
nach dem neuen Eherecht. (0403) Von T. Drewes, 112 S., mit Kosten und Unterhaltstabellen, kart. ●

Endlich 18 und nun?
Rechte, Pflichten, Zukunfts-Chancen. (0646) Von R. Rathgeber, 224 S., 27 Zeichnungen, kart. ●●

Was heißt hier minderjährig?
(0765) Von R. Rathgeber, C. Rummel, 148 S 50 Fotos, 25 Zeichnungen, kart. ●●

Testament und Erbschaft
Erbfolge, Rechte und Pflichten der Erben, Erbschafts-und Schenkungssteuer, Mustertestamente. (4139) Von T. Drewes, R. Holler der, 304 S., Pappband. ●●●

Erbrecht und Testament
Mit Erläuterungen des Erbschaftssteuergesetzes von 1974. (0046) Von Dr. jur. H. Wandrey, 124 S., kart. ●

Der letzte Wille
Ratgeber für Erblasser, Erben und Hinterbliebene in Rechts-, Versorgungs- und Steuerfragen
(0939) Von T. Drewes, 136 S., 9 s/w-Zeichnungen, kart. ●●

Mietrecht
Leitfaden für Mieter und Vermieter. (0479) Von J. Beuthner, 196 S., kart. ●●

Präzise Ratschläge für **Ihre optimale Rent**
Vorbereitung · Berechnungsgrundlagen · Gesetzesänderungen · Individuelle Rechenbeispiele. (0806) Von K. Möcks, 96 S., 24 Formulare, 1 Graphik, kart. ●

Das große farbige Kinderlexikon
(4195) Von U. Kopp, 320 S., 493 Farbabb. 17 s/w-Fotos, Pappband. ●●●

ZDF
Kompaß Jugend-Lexikon
(4096) Von R. Kerler, J. Blum, 336 S., 766 Farbfotos, 39 s/w-Abb., Pbd. ●●●●

Gitarre spielen
Ein Grundkurs für den Selbstunterricht. (0534) Von A. Roßmann, 96 S., 1 Schallfolie 150 Zeichnungen, kart. ●●●

Maschinenschreiben für Kinder
(0274) Von H. Kaus, 48 S., 17 farbige Abb., kart. ●

So lernt man leicht und schnell
Maschinenschreiben
Lehrbuch für Schulen, Lehrgänge und Selbs unterricht. (0568) Von M. Kempkes, 112 S., 48 Zeichnungen, kart. ●●

Maschinenschreiben
In 10 Tagen spielend gelernt. Von Unterichts medien Hoppius. (7008) Diskette für den C 64 und C 128 PC ●●●●* (7009) für IBM PC + kompatible, ●●●●●* (7010) für Schneider CPC 464, 664, 6128, ●●●●●*

Maschinenschreiben im Selbstunterrich
(0170) Von A. Fonfara, 84 S., kart. ●

Buchführung leicht gemacht
Ein methodischer Grundkurs für den Selbstunterricht. (4238) Von D. Machenheimer, R. Kersten, 252 S., Pappband. ●●●

Buchführung leicht gefaßt
Ein Leitfaden für Handwerker und Gewerbe treibende. (0127) Von R. Pohl. 104 S., kart. ●

Die hier vorgestellten Bücher, Videokassetten und Software sind in folgende Preisgruppen unterteilt:

● Preisgruppe bis DM 10,–/S 79,–/Fr.10
●● Preisgruppe über DM 10,– bis DM 20,– S 80,– bis S 160,– Fr. 10,– bis Fr. 18,70
●●● Preisgruppe über DM 20,– bis DM 30,– S 161,– bis S 240,– Fr. 18,70 bis Fr. 27,70
●●●● Preisgruppe über DM 30,– bis DM 50,– S 241,– bis S 400,– Fr. 27,70 bis Fr. 46,–
●●●●● Preisgruppe über DM 50,–/S 401,–/Fr.46,–
*(unverbindliche Preisempfehlung)

Die Preise entsprechen dem Status beim Druck dieses Verzeichnisses (s. Seite 1) – Änderungen, im besonderen der Preise, vorbehalten –

Falken-Verlag GmbH · Postfach 1120 FALKEN **D-6272 Niedernhausen/Ts. · Tel.: 06127/7020**

tenografie leicht gelernt
n Kursus oder Selbstunterricht.
266) Von H. Kaus, 64 S., kart. ●

rfolgreiche Bewerbung um einen Ausildungsplatz
715) Von H. Friedrich, 136 S., kart. ●

ie Bewerbung
er moderne Ratgeber für Bewerbungsriefe, Lebenslauf und Vorstellungsgesprähe. (4138) Von W. Manekeller, 264 S., appband. ●●

ebenslauf und Bewerbung
eispiele für Inhalt, Form und Aufbau.
428) Von H. Friedrich, 112 S., kart. ●

ie erfolgreiche Bewerbung
ewerbung und Vorstellung. (0173) Von W. lanekeller, 156 S., kart. ●

rfolgreiche Bewerbungsbriefe und ewerbungsformen
138) Von W. Manekeller, U. Schoenwald, 8 S., kart. ●

orstellungsgespräche
cher und erfolgreich führen. (0636) Von H. iedrich, 144 S., kart. ●

eine Angst vor Einstellungstests
in Ratgeber für Bewerber. (0793) Von Ch. itze. 120 S., 67 Zeichnungen, kart. ●

ALKEN-Software
instellungstests
7013) Von B. Hoppius, Wendediskette für 64/C 128 PC, mit Begleitheft, ●●●●*

ie ersten Tage am neuen Arbeitsplatz
atschläge für den richtigen Umgang mit ollegen und Vorgesetzten
855) Von H. Friedrich, 104 S., kart. ●

eugnisse im Beruf
chtig schreiben, richtig verstehen.
544) Von H. Friedrich, 112 S., kart. ●

rfolgreiche Kaufmannspraxis
Virtschaftliche Grundlagen, Geld, Kreditvesen, Steuern, Betriebsführung, Recht, EDV.
046) Von W. Göhler, H. Gölz, M. Heibel, Dr. . Machenheimer, 544 S., gebunden. ●●●●

o werde ich erfolgreich
atschläge und Tips für Beruf und Privatben. (0918) Von H. Hans, 104 S., kart. ●●

Vege zum Börsenerfolg
ktien · Anleihen · Optionen
275) Von H. Krause, 252 S., 4 s/w-Fotos, 6 Zeichnungen, Pappband. ●●●

ALKEN-Software
örsenfieber
pielend spekulieren mit Geld und Aktien
7016) IBM PC und Kompatible, Diskette 1/4'', mit Begleitheft, ●●●●●*

chülerlexikon der Mathematik
ormeln, Übungen und Begriffserklärungen ir die Klassen 5–10. (0430) Von R. Müller, 76 S., 96 Zeichnungen, kart. ●

lathematik verständlich
ahlenbereiche Mengenlehre, Algebra, eometrie, Wahrscheinlichkeitsrechnung, aufmännisches Rechnen. (4135) Von . Müller, 652 S., 10 s/w- und 109 Farbfotos, 02 farbige und 79 s/w-Zeichnungen, über 500 Beispiele und Übungen mit Lösungen, appband. ●●●●●

Mehr Erfolg in der Schule
Mathematik 1
Arithmetik und Algebra
Übungen, Beispiele und Lösungen für die Klasse 5 bis 10
(4420) Von R. Müller-Fonfara, 256 S., 193 Zeichn., 2 s/w-Fotos, Pappband. ●●●

Mathematische Formeln für Schule und Beruf
Mit Beispielen und Erklärungen. (0499) Von R. Müller-Fonfara, 156 S., 210 Zeichnungen, kart. ●

Rechnen aufgefrischt
für Schule und Beruf. (0100) Von H. Rausch, 144 S., kart. ●

Physik verständlich
Förderkurs für die Klassen 7 bis 10
(0926) Von Dr. Th. Neubert, 136 S., 146 s/w-Zeichnungen, 166 Aufgaben, kart. ●●

Richtige Groß- und Kleinschreibung
durch neue, vereinfachte Regeln. Erläuterungen der Zweifelsfragen anhand vieler Beispiele. (0897) Von Prof. Dr. Ch. Stetter, 96 S., kart. ●

Deutsche Grammatik
Ein Lern- und Übungsbuch. (0704) Von K. Schreiner, 112 S., kart. ●

Mehr Erfolg in der Schule
Deutsche Rechtschreibung und Grammatik
Übungen und Beispiele für die Klassen 5–10. (4407) Von K. Schreiner, 256 S., durchgehend zweifarbig, Pappband. ●●●

Richtiges Deutsch
Rechtschreibung · Zeichensetzung · Grammatik · Stilkunde. (0551) Von K. Schreiner, 128 S., 7 Zeichnungen, kart. ●

Mehr Erfolg in der Schule
Der Deutschaufsatz
Übungen und Beispiele für die Klassen 5–10. (4271) Von K. Schreiner, 240 S., 4 s/w-Fotos, 51 Zeichnungen, Pappband. ●●●

Aufsätze besser schreiben
Förderkurs für die Klassen 4–10. (0429) Von K. Schreiner, 144 S., 4 s/w-Fotos, 27 Zeichnungen, kart. ●

Mehr Erfolg in Schule und Beruf
Besseres Deutsch
Mit Übungen und Beispielen für Rechtschreibung, Diktate, Zeichensetzung, Aufsätze, Grammatik, Literaturbetrachtung, Stil, Briefe, Fremdwörter, Reden. (4115) Von K. Schreiner, 444 S., 7 s/w-Fotos, 27 Zeichnungen, Pappband. ●●●

Richtige Zeichensetzung
durch neue, vereinfachte Regeln. Erläuterungen der Zweifelsfragen anhand vieler Beispiele. (0744) Von Prof. Dr. Ch. Stetter, 160 S., kart. ●

Diktate besser schreiben
Übungen zur Rechtschreibung für die Klasse 4–8. (0469) Von K. Schreiner, 152 S., 31 Zeichnungen, kart. ●

Besseres Englisch
Grammatik und Übungen für die Klassen 5 bis 10. (0745) Von E. Henrichs, 144 S., kart. ●●

FALKEN-Software
The Grammar-Master
Englische Grammatik üben und beherrschen. (7002) Diskette für den C 64/C 128 PC ●●●●*

FALKEN-Software
Take a Trip to Britain
(7004) Von reLine, Diskette für C 64/C 128 PC, mit Begleitheft. ●●●●*

FALKEN-Software
Vokabeltrainer Englisch
Von B. Hoppius. (7001) 2 Disketten für C 64/C 128 PC, mit Begleitheft. ●●●●●*
(7007) Wendediskette für Atari ST 520/1040, mit Begleitheft. ●●●●●*

Schnell und sicher zum Führerschein
Tips und Tricks aus 30jähriger-Fahrschul-Praxis. (0921) Von O. Einert, 152 S., 156 Farbfotos, 161 z.T. farb. Zeichnungen, kart. ●●

FALKEN-Software
Schnell und sicher zum Führerschein
Intensivtraining mit dem amtlichen Fragenkatalog
(7011) Diskette für C 64/C 128 PC, mit Begleitheft und Fragenkatalog. ●●●●●*

Videokassette
Gesund durch Gedankenenergie
Heilung im gemeinsamen Kraftfeld
(6035) VHS, 45 Min., in Farbe ●●●●●*

Die neue Lebenshilfe **Biorhythmik**
Höhen und Tiefen der persönlichen Lebenskurven vorausberechnen und danach handeln. (0458) Von W. A. Appel, 157 S., 63 Zeichnungen, Pappband. ●●

Die neuen Erkenntnisse zum Biorhythmus
Individuelle Rhythmogramme für Berufserfolg und Gesundheit, Partnerschaft und Freizeit, Beilage: Tagesformplaner.
(4276) Von H. Bott, 144 S., 35 s/w-Zeichnungen, Pappband. ●●●

So deutet man Träume
Die Bildersprache des Unbewußten. (0444) Von G. Haddenbach, 120 S., kart. ●

Wie Sie im Schlaf das Leben meistern
Schöpferisch träumen
Der Klartraum als Lebenshilfe.
(4258) Von Prof. D. P. Tholey, K. Utecht. 256 S., 1 s/w-Foto, 20 Zeichn., Pbd. ●●●

Frauenträume – Männerträume
und ihre Bedeutung (4198) Von G. Senger, 272 S., mit Traumlexikon, Pappband. ●●●

Falken-Handbuch **Astrologie**
Charakterkunde · Schicksal · Liebe und Beruf · Berechnung und Deutung von Horoskopen · Aszendenttabelle. (4068) Von B.A. Mertz, 342 S., mit 60 erläuternden Grafiken, Pappband. ●●●

Die Magie der Zahlen
So nutzen Sie die Geheimnisse der Numerologie für ihr persönliches Glück mit dem völlig neuen Planetennumeroskop
(4242) Von B.A. Mertz, 224 S., 36 Abbildungen, Pappband. ●●●

I Ging der Liebe
Das altchinesische Orakel für Partnerschaft und Ehe. (4244) Von G. Damian-Knight, 320 S., 64 s/w-Zeichn., Pappband. ●●●

Wahrsagen mit Tarot-Karten
(0482) Von E.J. Nigg, 112 S., 4 Farbtafeln, 52 s/w-Abb., Pappband. ●●

Falken-Handbuch **Kartenlegen**
Wahrsagen mit Tarot-, Skat-, Lenormand- und Zigeunerblättern.
(4226) Von B.A. Mertz, 288 S., 38 Farb- und 108 s/w-Abb. Pappband. ●●●●

Die hier vorgestellten Bücher, Videokassetten und Software sind in folgende Preisgruppen unterteilt:

● Preisgruppe bis DM 10,–/S 79,–/Fr.10
●● Preisgruppe über DM 10,– bis DM 20,– S 80,– bis S 160,– Fr. 10,– bis Fr. 18,70
●●● Preisgruppe über DM 20,– bis DM 30,– S 161,– bis S 240,– Fr. 18,70 bis Fr. 27,70
●●●● Preisgruppe über DM 30,– bis DM 50,– S 241,– bis S 400,– Fr. 27,70 bis Fr. 46,–
●●●●● Preisgruppe über DM 50,–/S 401,–/Fr.46,–
*(unverbindliche Preisempfehlung)

Die Preise entsprechen dem Status beim Druck dieses Verzeichnisses (s. Seite 1) – Änderungen, im besonderen der Preise, vorbehalten –

Weissagen, Hellsehen, Kartenlegen ...
Wie jeder die geheimen Kräfte ergründen und für sich nutzen kann. (4153) Von G. Haddenbach, 192 S., 40 Zeichnungen, Pappband. ●●

Selbst Wahrsagen mit Karten
Die Zukunft in Liebe, Beruf und Finanzen. (0404) Von R. Koch, 80 S., 252 Abb., Pappband. ●●

Was sagt uns das Horoskop?
Praktische Einführung in die Astrologie. (0655) Von B.A. Mertz, 176 S., 25 Zeichnungen, kart. ●

Die 12 Tierzeichen im chinesischen Horoskop
(0423) Von G. Haddenbach, 128 S., Pappband. ●

Aztekenhoroskop
Deutung von Liebe und Schicksal nach dem Aztekenkalender. (0543) Von C.-M. und R. Kerler, 160 S., 20 Zeichnungen, Pappband. ●

Das Super-Horoskop
Der neue Weg zur Deutung von Charkter, Liebe und Schicksal nach chinesischer und abendländischer Astrologie. (0465) Von G. Haddenbach, 175 S., kart. ●

Die 12 Sternzeichen
Charakter, Liebe und Schicksal. (0385) Von G. Haddenbach, 160 S., Pappband. ●●

Liebeshoroskop für die 12 Sternzeichen
Alles über Chancen, Beziehungen, Erotik, Zärtlichkeit, Leidenschaft. (0587) Von G. Haddenbach, 144 S., 11 Zeichnungen, kart. ●

Sternstunden
für Liebe, Glück und Geld, Berufserfolg und Gesundheit. Das ganz persönliche Mitbringsel für **Widder** (0621), **Stier** (0622), **Zwillinge** (0623), **Krebs** (0624), **Löwe** (0625), **Jungfrau** (0626), **Waage** (0627), **Skorpion** (0628), **Schütze** (0629), **Steinbock** (0630), **Wassermann** (0631), **Fische** (0632) Von L. Cancer, 62 S., durchgehend farbig, Zeichnungen, Pappband. ●

Humor und Unterhaltung

Heitere Vorträge
(0528) Von E. Müller, 128 S., 14 Zeichnungen, kart. ●

Die große Lachparade
Neue Texte für heitere Vorträge und Ansagen. (0188) Von E. Müller, 80 S., kart. ●

So feiert man Feste fröhlicher
Heitere Vorträge und Gedichte. (0098) Von Dr. Allos, 96 S., 15 Abb., kart. ●

Heitere Vorträge und witzige Reden
Lachen, Witz und gute Laune. (0149) Von E. Müller, 104 S., 44 Abb., kart. ●

Vergnügliches Vortragsbuch
(0091) Von J. Plaut, 192 S., kart. ●

Lustige Vorträge für fröhliche Feiern
(0284) Von K. Lehnhoff, 96 S., kart. ●

Da lacht das Publikum
Neue lustige Vorträge für viele Gelegenheiten. (0716) Von H. Schmalenbach, 96 S., kart. ●

Und wieder lacht das Publikum
Neue Vorträge und Sketche (0982) Von H. Schmalenbach, 112 S., kart. ●

Humor und gute Laune
Ein heiteres Vortragsbuch. (0635) Von G. Wagner, 112 S., 5 Zeichnungen, kart. ●

Humor und Stimmung
Ein heiteres Vortragsbuch. (0460) Von G. Wagner, 112 S., kart. ●

Gereimte Vorträge
für Bühne und Bütt. (0567) Von G. Wagner, 96 S., kart. ●

Narren in der Bütt
Leckerbissen aus dem rheinischen Karneval. (0216) Zusammengestellt von T. Lücker, 112 S., kart. ●

Damen in der Bütt
Scherze, Büttenreden, Sketche. (0354) Von T. Müller, 136 S., kart. ●

Rings um den Karneval
Karnevalsscherze und Büttenreden. (0130) Von Dr. Allos, 144 S., 2 Zeichnungen, kart. ●●

Wir feiern Karneval
Festgestaltung und Reden für die närrische Zeit. (0904) Von M. Zweigler, 120 S., 7 Zeichnungen, kart. ●

Helau und Allaf 1
Närrisches aus der Bütt. (0304) Von E. Müller, 112 S., 4 Zeichnungen, kart. ●

Helau und Allaf 2
Neue Büttenreden für Sie und Ihn. (0477) Von E. Luft, 96 S., kart. ●

Helau und Allaf 3
Neue Reden für die Bütt. (0832) Von H. Fauser, 112 S., 13 Zeichnungen, kart. ●

Helau und Alaaf 4
Neue Büttenreden für Sie und Ihn (0983) Hrsg. H. Fauser, 96 S., 15 s/w-Zeichn., zahlreiche Vignetten, kart. ●

Locker vom Hocker
Witzige Sketche zum Nachspielen. (4262) Von W. Giller, 144 S., 41 Zeichnungen, Pappband. ●●

Sketche und Blackouts zum Nachspielen
(0941) Von E. Cohrs, 112 S., 12 Zeichnungen, kart. ●

Sketche und spielbare Witze
für bunte Abende und andere Feste. (0445) Von H. Friedrich, 112 S., 7 Zeichnungen, kart. ●

Sketche
Kurzspiele zu amüsanter Unterhaltung. (0247) Von M. Gering, 132 S., 16 Abb., kart., ●

Vorhang auf!
Neue Sketche für jung und alt. (0898) Von H. Pillau, 96 S., 22 Zeichnungen, kart. ●

Fidele Sketche und heitere Vorträge
Humor zum Nachspielen. (0157) Von H. Ehnle. 96 S., kart. ●

Witzige Sketche zum Nachspielen
(0511) Von D. Hallervorden, 112 S., kart. ●●

Tolle Sketche
mit zündenden Pointen – zum Nachspielen. (0656) Von E. Cohrs, 112 S., kart. ●

Vergnügliche Sketche
(0476) Von H. Pillau, 96 S., 7 Zeichn., kart.

Lustige Sketche
Kurze Theaterstücke für Jungen und Mädchen (0669) Von U. Lietz, U. Lange, 96 S., kart. ●

Spielbare Witze für Kinder
(0824) Von H. Schmalenbach, 112 S., 30 Zeichnungen, kart. ●

Phantasievolles Schminken
Verzauberte Gesichter für Maskeraden, Laienspiel und Kinderfeste. (0907) Hrsg. Vo Y. u. H. Nadolny, 64 S., 227 Farbf., kart. ●●

Das große Hausbuch des Humors
(4421) Hrsg. Von E. Heinold, R. Kempowski, 512 S., 286 Abbildungen, Pappband. ●●●

Witze
Lachen am laufenden Band (4241) Von J. Burkert, D. Kroppach; 400 S., 41 Zeichnungen, Pappband. ●●

Die besten Witze und Cartoons des Jahres 5
(0642) Hrsg. Von K. Hartmann, 288 S., 88 Zeichnungen, Pappband. ●●

Die besten Witze und Cartoons des Jahres 6
(0916) Hrsg. Von D. Kroppach, 288 S., 84 Zeichnungen, Pappband. ●●

Die besten Witze und Cartoons des Jahres 7
(0986) Von V.K. Stranimaier, L. Spangler, 288 S., 93 Cartoons, Pappband. ●●

Die besten Kalauer
(0705) Von K. Frank, 112 S., 12 Zeichnunger kart. ●

Fred Metzlers Witze mit Pfiff
(0368) Von F. Metzler, 112 S., kart. ●

Robert Lembkes Witzauslese
(0325) Von Robert Lembke, 160 S., 10 Zeich nungen von E. Köhler, Pappband. ●●

Die besten Beamtenwitze
(0574) Von W. Pröve, 80 S., 39 Zeichnunge kart. ●

Horror zum Totlachen
Gruselwitze
(0536) Von F. Lautenschläger, 96 S., 44 Zeichnungen, kart. ●

Herrenwitze
(0589) Von G. Wilhelm, 112 S., 31 Zeichnungen, kart. ●

O frivol ist mir am Abend
Pikante Witze von Fred Metzler. (0388) Von F. Metzler, 128 S., mit Karikaturen, kart. ●

Witze am laufenden Band
(0461) Von F. Asmussen, 118 S., kart. ●

Die besten Ostfriesenwitze
(0495) Von O. Freese, 80 S., 15 Zeichnungen, kart. ●

Spaßvögel
Über sexhundert komische Nummern. (0888) Von E. Zeller, mit Limericks Von W. Müller, 220 S., 200 Vignetten, kart. ●

Total bescheuert
Kinder- und Schülerwitze. (0889) Von G. Geßner und E. Zeller, 220 S., 200 Vignetten, kart. ●

Die hier vorgestellten Bücher, Videokassetten und Software sind in folgende Preisgruppen unterteilt:

● Preisgruppe bis DM 10,–/S 79,–/Fr.10
●● Preisgruppe über DM 10,– bis DM 20,– S 80,– bis S 160,– Fr. 10,– bis Fr. 18,70
●●● Preisgruppe über DM 20,– bis DM 30,– S 161,– bis S 240,– Fr. 18,70 bis Fr. 27,70
●●●● Preisgruppe über DM 30,– bis DM 50,– S 241,– bis S 400,– Fr. 27,70 bis Fr. 46,–
●●●●● Preisgruppe über DM 50,–/S 401,–/Fr.46,–
*(unverbindliche Preisempfehlung)

Die Preise entsprechen dem Status beim Druck dieses Verzeichnisses (s. Seite 1) – Änderungen, im besonderen der Preise, vorbehalten –

Heller Wahnwitz
(0887) Von D. Kroppach, 220 S., 200 Vignetten, kart. ●

Die Kleidermotte ernährt sich von nichts, sie frißt nur Löcher
Stilblüten, Sprüche und Widersprüche aus Schule, Zeitung, Rundfunk und Fernsehen. (0738) Von P. Haas, D. Kroppach, 112 S., zahlreiche Abb. kart. ●

Witzig, witzig
(0507) Von E. Müller, 128 S., 16 Zeichnungen, kart. ●

Die besten Kinderwitze
(0757) Von K. Rank, 112 S., 28 Zeichnungen, kart. ●

Ich lach mich kaputt! Die besten Kinderwitze
(0545) Von E. Hannemann, 96 S., 10 Zeichnungen, kart. ●

Lach mit!
Witze für Kinder, gesammelt von Kindern. (0468) Von W. Pröve, 96 S., 17 Zeichnungen, kart. ●

Spiele und Denksport

Kartenspiele
(2001) Von C.D. Grupp, 144 S., kart. ●

Neues Buch der siebzehn und vier Kartenspiele
(0095) Von K. Lichtwitz, 96 S., kart. ●

Alles über Pokern
Regeln und Tricks. (2024) Von C.D. Grupp, 112 S., 29 Kartenbilder, kart. ●

Rommé und Canasta
in allen Variationen. (2025) Von C.D. Grupp, 88 S., 24 Zeichnungen, kart. ●

Schafkopf, Doppelkopf, Binokel, Cego, Tarock und andere Stammtischspiele. (2015) Von C.D. Grupp, 112 S., kart. ●●

Black Jack
Regeln und Strategien des Kasinospiels. (2032) Von K. Kelbratowski, 88 S., kart. ●

Das Skatspiel
Eine Fibel für Anfänger. (0206) Von K. Lehnhoff, 96 S., kart. ●

Spielend Skat lernen
unter freundlicher Mitarbeit des Deutschen Skatverbandes. (2005) Von Th. Krüger, 156 S., 181 s/w-Fotos, 22 Zeichn., kart. ●

Falken-Handbuch Pätiencen
Die 111 interessantesten Auslagen. (4151) Von U.v.Lyncker, 216 S., 108 Abbildungen, Pappband. ●●●

Patiencen
in Wort und Bild. (2003) Von I. Wolter-Rosendorf, 120 S., kart. ●

Neue Patiencen
(2036) Von H. Sosna, 160 S., 43 Farbtafeln, kart. ●●

Herausforderung im Bridge
200 Aufgaben mit Lösungen. (2033) Von V. Mollo, 152 S., kart. ●●

Falken-Handbuch Bridge
Von den Grundregeln zum Turnierspiel. (4092) Von W. Voigt und K. Ritz, 280 S., 792 Zeichnungen, gebunden. ●●●●

Spielend Bridge lernen
(2012) Von J. Weiss, 96 S., 58 Zeichnungen, kart. ●

Präzisions-Treff im Bridge
(2037) Von E. Jannersten, 152 S., kart. ●●

Spieltechnik im Bridge
(2004) Von V. Mollo und N. Gardener, deutsche Adaption Von D. Schröder, 152 S., kart. ●●

Besser Bridge spielen
Reiztechnik, Spielverlauf und Gegenspiel. (2026) Von J. Weiss, 144 S., 60 Diagramme, kart. ●●

Kartentricks
(2010) Von T.A. Rosee, 80 S., 13 Zeichnungen, kart. ●

Neue Kartentricks
(2027) Von K. Pankow, 104 S., 20 Abb., kart. ●

Das japanische Brettspiel Go
(2020) Von W. Dörholt, 104 S., 182 Diagramme, kart. ●

Mah-Jongg
Das chinesische Glücks-, Kombinations- und Gesellschaftsspiel. (2030) Von U. Eschenbach, 80 S., 30 s/w-Fotos, 5 Zeichn., kart. ●

Backgammon
für Anfänger und Könner. (2008) Von G.W. Fink und G. Fuchs, 104 S., 41 Abb., kart. ●

Das Backgammon-Handbuch
(4422) Von E. Heyken, M.B. Fischer, 232 S., 400 Abbildungen, Pappband. ●●●●

Würfelspiele
für jung und alt. (2007) Von F. Pruss, 112 S., 21 s/w-Zeichnungen, kart. ●

Roulette richtig gespielt
Systemspiele, die Vermögen brachten. (0121) Von M. Jung, 96 S., zahlreiche Tabellen, kart. ●

Spielend Roulette lernen
(2034) Von E.P. Caspar, 152 S., 1 s/w-Foto, 45 Zeichnungen, kart. ●●

Gesellschaftsspiele
für drinnen und draußen. (2006) Von H. Görz, 112 S., kart. ●

Spiele für Party und Familie
(2014) Von Rudi Carrell, 80 S., 22 Zeichnungen kart. ●

Neue Spiele für ihre Party
(2022) Von G. Blechner, 120 S., 54 Zeichnungen, kart. ●

Lustige Tanzspiele und Scherztänze
für Partys und Feste. (0165) Von E. Bäulke, 80 S., 53 Abb. kart. ●

Magische Zaubereien
(0672) Von W. Widenmann, 64 S., 31 Zeichnungen, kart. ●

Zaubertricks für jedermann
(0282) Von J. Merlin, 176 S., 113 Abb., kart. ●●

Zaubern
einfach – aber verblüffend. (2018) Von D. Bouch, 84 S., 41 Zeichnungen, kart. ●

Scherzfragen, Drudel und Blödeleien
gesammelt von Kindern. (0506) Hrsg. von W. Pröve, 80 S., 57 Zeichnungen, kart. ●

Kinderspiele
die Spaß machen. (2009) Von H. Müller-Stein, 104 S., 28 Abb., kart. ●

Spiele für Kleinkinder
(2011) Von D. Kellermann, 80 S., 23 Abb., kart. ●

Spiel und Spaß am Krankenbett
für Kinder und die ganze Familie. (2035) Von H. Bücken, 96 S., 97 Zeichnungen, kart. ●

Guten Tag, Kinder!
Neue Texte mit Spielanleitungen fürs Kasperletheater. (0861) Von U. Lietz, 96 S., 18 s/w-Zeichnungen, kart. ●

Kasperletheater
Spieltexte und Spielanleitungen · Basteltips für Theater und Puppen. (0641) Von U. Lietz, 114 S., 4 Farbtafeln, 12 s/w-Fotos, 39 Zeichnungen, kart. ●

Kindergeburtstage, die keiner vergißt
Planung, Gestaltung, Spielvorschläge. (0698) Von G. und G. Zimmermann, 104 S., 80 Vignetten, kart. ●

Kindergeburtstag
Vorbereitung, Spiel und Spaß. (0287) Von Dr. I. Obrig, 136 S., 40 Abb., 11 Zeichnungen, 9 Lieder mit Noten, kart. ●

Kinderfeste
daheim und in Gruppen. (4033) Von G. Blechner, 240 S., 320 Abb., kart. ●●

Das Geheimnis der magischen Ringe
Alles über das Puzzle vom Würfel-Erfinder. Die schönsten Figuren. (0878) Von Dr. Ch. Bandelow, 96 S., 198 Zeichnungen, 8 Cartoons, kart. ●

Die schnellste Lösung und zahllose Varianten
Rubik's C·L·O·C·K™
Genehmigte Ausgabe
(1019) Von J. Trajber, 64 S., 149 Zeichnungen, kart. ●

Knobeleien und Denksport
(2019) Von K. Rechberger, 142 S., 105 Zeichnungen, kart. ●

Quiz
Mehr als 1500 ernste und heitere Fragen aus allen Gebieten. (0129) Von R. Sautter und W. Pröve, 92 S., 9 Zeichnungen, kart. ●

Das Super-Kreuzwort-Rätsel-Lexikon
Über 150.000 Begriffe. (4279) Von H. Schiefelbein, 688 S., Pappband. ●●

500 Rätsel selberraten
(0681) Von E. Krüger, 272 S., kart. ●

501 Rätsel selberraten
(0711) Von E. Krüger, 272 S., kart. ●

Riesen-Kreuzwort-Rätsel-Lexikon
über 250.000 Begriffe. (4197) Von H. Schiefelbein, 1024 S., Pappband. ●●●

Die hier vorgestellten Bücher, Videokassetten und Software sind in folgende Preisgruppen unterteilt:

● Preisgruppe bis DM 10,–/S 79,–/Fr.10
●● Preisgruppe über DM 10,– bis DM 20,– S 80,– bis S 160,– Fr. 10,– bis Fr. 18,70
●●● Preisgruppe über DM 20,– bis DM 30,– S 161,– bis S 240,– Fr. 18,70 bis Fr. 27,70
●●●● Preisgruppe über DM 30,– bis DM 50,– S 241,– bis S 400,– Fr. 27,70 bis Fr. 46,–
●●●●● Preisgruppe über DM 50,–/S 401,–/Fr.46,–
*(unverbindliche Preisempfehlung)

Die Preise entsprechen dem Status beim Druck dieses Verzeichnisses (s. Seite 1) – Änderungen, im besonderen der Preise, vorbehalten –

Computer-Bücher und Software

FALKEN Computer Lexikon
(4185) 312 S., 173 s/w-Fotos, Pbd. ●●●

Computer-Grundwissen
Eine Einführung in Funktion und Einsatzmöglichkeiten. (4302) Von W. Bauer, 176 Seiten, 193 Farb- und 12 s/w-Fotos, 37 Computergrafiken, kart. ●●● (4301) Pbd. ●●●●

Grundwissen Informationsverarbeitung
(4314) Von H. Schiro, 312 S., 59 s/w-Fotos, 133 s/w-Zeichnungen, Pappband. ●●●●●

Computergrafik
Von den Grundlagen bis zum perfekten 3 D-Programm. (4319) Von A. Brück, 296 S., 20 Farbtafeln, 180 s/w-Grafiken, 50 s/w-Zeichn., 83 Listings, Pappband. ●●●●●

Die tägliche PC-Praxis
Anwendungshilfen, Programme und Erweiterungen für MS-DOS-Computer
(4322) Von A. Görgens, 224 S., 25 Abbildungen, kart. ●●●●

Microsoft Word
Textverarbeitung, MailMerge und Desktop Publishing im Selbststudium
Für alle Versionen bis 4.0
(4328) Von A. Görgens, 160 S., 120 Abbildungen, kart. ●●●●

WORDSTAR 2000
Textverarbeitung für Einsteiger und Profis
Mit erprobten Anwendungen aus der Praxis.
(4317) Von D. Nasser, 200 S., 9 s/w-Fotos, 3 Zeichnungen, kart. ●●●●●

dBase III
Einführung für Einsteiger und Nachschlagewerk für Profis. (4310) Von J. Brehm, G.A. Karl, 211 S., 23 Abb., kart. ●●●●●

dBASE III PLUS dBASE IV
Der einfache Weg zur individuell programmierten Datenbank
Mit Tutor-Diskette
(4326) Von P. Vogel, Th. Kregeloh, M. Hofmann, 272 S., 63 Abb., kart. ●●●●●

Open Access II
Textverarbeitung, Kalkulation und Datenverarbeitung im Selbststudium
(4327) Von A. Görgens, 184 S., 108 Abbildungen, kart. ●●●●

Textverarbeitung mit Home- und Personal-Computern
Systeme – Vergleiche – Anwendungen.
(4316) Von A. Görgens, 128 S., 49 s/w-Fotos, kart. ●●●●

Drucker und Plotter
Text und Grafik für Ihren Computer.
(4315) Von K.-H. Koch, 192 S., 12 Farbtafeln, 5 s/w-Fotos, kart. ●●●●

WordStar Praxis professionell
Für die Versionen 3.4/3.45/4.0
Erweiterungen · Praxis-Tips · Datenaustausch · Desktop Publishing. (4324) Von A. Görgens, 172 S., 2 s/w-Fotos, 2 s/w- Zeichnungen, 116 s/w-Grafiken, kart. ●●●●

Desktop Publishing
Setzen und Drucken auf dem Schreibtisch.
(4323) Von A. Görgens, 120 S., 11 s/w-Fotos, 72 Zeichnungen, kart. ●●●

Einführung in die Programmiersprache BASIC.
(4303) Von S. Curran und R. Curnow, 192 S., 92 Zeichnungen, kart. ●●

Intelligenz in BASIC
für Schneider CPC 464/664/6128. Mit Diskette 3''. (4320) Von K.-H. Koch, 160 S., 14 Zeichnungen, kart. ●●●●●

Garantiert BASIC lernen mit dem C 128
Mit kompletter Kurs-Diskette
(4321) Von A. Görgens, 288 S., 4 s/w-Fotos, 83 Zeichnungen, kart. ●●●●

Lernen mit dem Computer.
(4304) Von S. Curran und R. Curnow, 144 S., 34 Zeichnungen, Spiralbindung, ●●

Heimcomputer-Bastelkiste
Messen, Steuern, Regeln mit C 64-, Apple II-, MSX-, TANDY-, MC-, Atari- und Sinclair-Computern. (4309) Von G.A. Karl, 256 S., 160 Zeichnungen, kart. ●●●●

Schach mit dem Computer
(0747) Von D. Frickenschmidt, 140 S., 112 Diagramme, 29 s/w-Fotos, 5 Zeichnungen, kart. ●●

Bestellschein

Erfüllungsort und Gerichtsstand für Vollkaufleute ist der jeweilige Sitz der Lieferfirma. Für alle übrigen Kunden gilt dieser Gerichtsstand für das Mahnverfahren. Falls durch besondere Umstände Preisänderungen notwendig werden, erfolgt Auftragserledigung zu dem bei der Lieferung gültigen Preis.
Ich bestelle hiermit aus dem Falken-Verlag GmbH, Postfach 11 20, D-6272 Niedernhausen/Ts., durch die Buchhandlung:

Ex. ______________________

Ex. ______________________

Ex. ______________________

Ex. ______________________

Name: ______________________

Straße: ____________ Ort: ____________

Datum ____________ Unterschrift: ____________

Die hier vorgestellten Bücher, Videokassetten und Software sind in folgende Preisgruppen unterteilt:

● Preisgruppe bis DM 10,–/S 79,–/Fr.10
●● Preisgruppe über DM 10,– bis DM 20,– S 80,– bis S 160,– Fr. 10,– bis Fr. 18,70
●●● Preisgruppe über DM 20,– bis DM 30,– S 161,– bis S 240,– Fr. 18,70 bis Fr. 27,70
●●●● Preisgruppe über DM 30,– bis DM 50,– S 241,– bis S 400,– Fr. 27,70 bis Fr. 46,–
●●●●● Preisgruppe über DM 50,–/S 401,–/Fr.46,–
*(unverbindliche Preisempfehlung)

Die Preise entsprechen dem Status beim Druck dieses Verzeichnisses (s. Seite 1) – Änderungen, im besonderen der Preise, vorbehalten –